20. Juli 1944

Niels Schröder

20. JULI 1944
Biographie eines Tages

GRAPHIC NOVEL

be.bra verlag

Im Anhang befindet sich ein Glossar der im Buch erwähnten Personen.

Bibliografische Information der Deutschen Nationalbibliothek
Die Deutsche Nationalbibliothek verzeichnet diese Publikation in der Deutschen Nationalbibliografie; detaillierte bibliografische Daten sind im Internet über http://dnb.d-nb.de abrufbar.

KulturBrauerei Haus 2
Schönhauser Allee 37, 10435 Berlin
post@bebraverlag.de
Umschlag, Innentitel und Lettering: typegerecht, Berlin
Lektorat: Matthias Zimmermann, Berlin
Schriften: Avenir Next, Kohinoor
Druck und Bindung: Friedrich Pustet, Regensburg
ISBN 978-3-89809-159-6

www.bebraverlag.de

„

In Deutschland lebte eine Opposition, die zum Edelsten und Größten gehört, was in der politischen Geschichte der Völker je hervorgebracht wurde.
Die Männer kämpften ohne Hilfe von innen und außen, einzig getrieben von der Unruhe ihres Gewissens.

“ WINSTON CHURCHILL, 1946

PROLOG

Berlin, 1943.
Während die Wehrmacht an allen Fronten in die Defensive geraten ist und die Alliierten fast täglich Bombenangriffe auf deutsche Großstädte fliegen, trifft Margarethe von Oven, geborene Hardenberg, in der deutschen Hauptstadt ein. Seit 1925 ist sie Sekretärin im Reichswehrministerium. Von 1930 bis 1935 arbeitete sie in Berlin für einige der höchsten Militärs. Dadurch erhielt sie intensive Einblicke hinter die Kulissen der militärischen Führung.
1938 wurde Margarethe von Oven in Budapest eingesetzt, bis man sie 1940 zum Militärattaché nach Lissabon schickte. Im Sommer 1943 holt sie Oberst Henning von Tresckow als Sekretärin des Nachkommandos Heeresgruppe Mitte zurück nach Berlin.
AJYR-D
Henning von Tresckow bereitet seit Längerem einen Staatstreich vor. Schon mehrmals hat er gemeinsam mit anderen Widerstandskämpfern aus den Reihen der Wehrmacht den Versuch unternommen, Hitler zu töten. Nun will er sich die Unterstützung von Margarethe von Oven sichern. Sie ist seit Kindheitstagen die beste Freundin seiner Frau. Er vertraut ihr blind.

Henning von Tresckow stammt aus einer alten preußischen Adelsfamilie, die viele Offiziere hervorgebracht hat. Nach den Ausschreitungen der sogenannten „Reichskristallnacht"* wurde er zu einem entschlossenen Gegner Hitlers. Bereits vor Beginn des Zweiten Krieges war er überzeugt, dass Hitler beseitigt werden müsse. 1941 wurde er Generalstabsoffizier im Hauptquartier der Heeresgruppe Mitte und baute dort ein Zentrum des Widerstands auf.

* vom NS-Regime organisierte gewaltsame Ausschreitungen gegen jüdische Deutsche im November 1938.

Margarethe, gut dass du so schnell kommen konntest – trotz des Bombenangriffs.
Zum Glück hat es diesmal ja nicht lange gedauert. Wir können sofort anfangen.
Es gibt hier eine Reihe von Befehlen für das Ersatzheer, die wir überarbeiten müssen. Sie sind für eine besondere Bedrohungslage im Reich gedacht. Tritt ein solcher Fall ein, wird die sogenannte „Operation Walküre“ ausgelöst. Die Befehle ermöglichen bestimmten Wehrmachtseinheiten, vorübergehend die Kontrolle im Staat zu übernehmen.
... und vermutlich, die SS und Gestapo auszuschalten?
Richtig! – Erika* hilft mir ebenfalls dabei. Wir arbeiten auch nachts daran, bei uns zu Hause in Babelsberg. Tagsüber musst du die Befehle dann auf der Maschine tippen – in meinem Büro. Es gilt natürlich höchste Geheimhaltungsstufe.
* Tresckows Ehefrau und Margarethes beste Freundin.
Wir werden übrigens noch weitere Hilfe erhalten. Von einem Offizier namens Stauffenberg. Du wirst ihn bald kennenlernen.

OPERATION WALKÜRE

Ursprünglich war die „Operation Walküre" ein Plan der NS-Führung für den Fall, dass die Millionen Zwangsarbeiter, die mittlerweile überall in Deutschland in den Fabriken und Lagern arbeiten mussten, sich erheben würden. Diese wurden von der Straße weg verhaftet und nach Deutschland deportiert. Hier mussten sie unter erbärmlichsten Umständen als Arbeitssklaven schuften, buchstäblich bis zum Umfallen.
Auch für den Fall, dass es zu einem Einbruch an der Ostfront oder zu feindlichen Luft- oder Küstenlandungen kommen würde, sollte dieser Notfallplan greifen. Durch die schnelle Mobilmachung der Ersatz- und Ausbildungstruppen wollte man blitzschnell Lücken in den Fronten schließen.

Die „Operation Walküre" sollte durch die in Deutschland stationierten Wehrmachtseinheiten ausgeführt werden, das sogenannte „Ersatzheer". Während das sogenannte „Feldheer" aus den Fronttruppen bestand, setzte sich das Ersatzheer aus Wachverbänden, Ausbildungseinheiten in den Kasernen sowie den Fronturlaubern zusammen.
Im Falle eines Aufstands sollten Einheiten des Ersatzheeres bestimmte kriegswichtige Punkte in Berlin und anderen Großstädten besetzen. Die Auslösung des Befehls durch das Codewort „Walküre" konnte nur durch Hitler persönlich oder die Befehlshaber des Ersatzheeres vorgenommen werden.

Dieser Plan wird nun von Olbricht und Tresckow in ihrem Sinne umstrukturiert. Nach der geplanten Tötung Hitlers soll zunächst erklärt werden, dass eine „Clique frontfremder Parteiführer" die Macht an sich zur reißen versuche. Standgerichte sollen dann schnell die schlimmsten NS-Verbrecher verurteilen und hinrichten lassen. In einer Regierungserklärung sollte über den Rundfunk verkündet werden, dass das oberste Ziel die Wiederherstellung des Rechts und der Moral sei.

Nach dem Treffen mit Tresckow geht Margarethe von Oven im Grunewald spazieren.
Vor einigen Wochen war ich noch in Lissabon. Mitten im Frieden. In dieser wunderschönen Stadt.
Ich hätte einfach dort bleiben können …
Und nun bin ich in Berlin, im Zentrum einer Verschwörung. Und jeden Tag, jede Nacht, fliegen die Briten und Amerikaner ihre Bombenangriffe.
Kann ich das durchhalten? Und was, wenn die Gestapo schon etwas weiß? Auf Hochverrat stehen Folter und Todesstrafe …
Aber es muss etwas geschehen, um den Krieg zu beenden!

Am nächsten Tag, in Tresckows Dienststelle, schreibt Margarethe von Oven weitere Pläne und Anweisungen des Widerstands. Sie tippt mit Handschuhen, damit die Dokumente nicht identifiziert werden können.
Henning, bitte verzeih mir. Aber was wir hier tun, ist Hochverrat. Ich habe plötzlich eine Hundejungen-Angst.
Solche Gefühle kenne ich nur zu gut. Aber wir brauchen deine Hilfe. Es geht ja nicht mehr nur um den Krieg, den wir sowieso nicht mehr gewinnen können. Ich weiß aus sicheren Quellen, dass im Osten – auf Befehl Hitlers – täglich Zehntausende Juden ermordet werden. Wir müssen etwas dagegen tun.
Hm. Ich verstehe ...
Ich möchte, dass du mit Stauffenberg sprichst. Er ist ganz auf unserer Seite, aber auch er hatte lange Zeit große Zweifel, ob man diesen Schritt gehen soll. Er wird gleich hier sein.

TOCK
TOCK

CLAUS VON STAUFFENBERG

Claus Schenk Graf von Stauffenberg, Jahrgang 1907, stammt aus würtembergischem, katholischem Adel. Der junge Stauffenberg gehörte zu den Verehrern des Dichters Stefan George. 1926 trat er in das Bamberger Reiterregiment 17 ein, um Berufsoffizier zu werden. 1933 heiratete er Nina von Lerchenfeld. Gemeinsam haben sie fünf Kinder.

Den Nationalsozialismus beurteilte Stauffenberg zunächst positiv. Als begeisterter Soldat kämpfte er an verschiedenen Fronten in Polen und Frankreich. 1941 wurde er zum Generalstab versetzt. 1942 wendete er sich endgültig vom NS-Regime ab. Ursächlich hierfür waren die Kriegsverbrechen im Osten und die Massenmorde an den Juden. Anfang 1943 wurde er nach Afrika versetzt.

Stauffenberg kam als Führungsoffizier zur 10. Panzerdivision nach Tunesien. In der „Operation Frühlingswind“ leitete er seinen Verband in drei Schlachten gegen amerikanische Panzerverbände. Am 7. April 1943 wurde er bei einem Tieffliegerangriff schwer verwundet. Er verlor das linke Auge, die rechte Hand und zwei Finger der linken.

Im Lazarett in München verfestigte sich Stauffenbergs Überzeugung, dass der „Verbrecher Hitler“ beseitigt werden müsse. Die Verschwörer in Berlin wollen ihn nun eng einbinden. Der Chef des Allgemeinen Heeresamtes beim Befehlshaber des Ersatzheeres, General Friedrich Olbricht, fordert ihn als Chef des Stabes für sich an.

Was ist denn hier los? Schlechte Stimmung?
Für einen Augenblick hat mich die Angst gepackt. Es sind Zweifel, die von Zeit zu Zeit aufkommen.
Jeden Tag sterben in ganz Europa Tausende Menschen – weil dieser größenwahnsinnige Verbrecher einen sinnlosen Krieg führt. Hitler wird seine Macht niemals aus der Hand geben. Ich bin davon überzeugt, dass wir den Mut für einen Staatsstreich aufbringen und ihn stoppen müssen.
Jude
Er strahlt so eine tiefe Ruhe aus … Es ist wie der Widerschein eines stillen inneren Feuers …
Sie haben natürlich recht. Ich werde weiterschreiben.

Sehr gut, Margarethe. Wir brauchen dich. Und wir alle lassen größte Vorsicht walten.
Stauffenberg, Sie sind ein Geschenk des Himmels. Ich werde in absehbarer Zeit wieder an die Ostfront kommandiert. Ich werde Sie daher in unsere Arbeit einweihen, damit Sie mein Nachfolger werden – und den Staatsstreich lenken.
Zur Lage: Im März dieses Jahres hatten wir eine Bombe in Hitlers Flugzeug geschmuggelt. Aber die Zeitzünder versagten, vermutlich aufgrund der extremen Kälte im Gepäckraum.
Hitler hatte die Heeresgruppe Mitte in Russland besucht, und kurz vor seinem Rückflug von Smolensk nach Berlin bat ich einen Offizier, ein Paket für mich mitzunehmen und es in Berlin einem Freund zu überreichen. In dem Paket, das ich als eine Flasche Cointreau ausgegeben hatte, befand sich hochexplosiver englischer Plastiksprengstoff. Aber wieder kam Hitler davon.
BS AJ
Im selben Monat versuchte unser Mitstreiter Oberst Rudolph-Christoph Freiherr von Gersdorff, sich mit Hitler in die Luft zu sprengen. Er sollte ihn durch eine Ausstellung sowjetischer Beutewaffen im Zeughaus führen. Doch Hitler blieb überraschend kurz und hastete durch die Ausstellung. Gersdorff konnte die Bombe gerade noch entschärfen.

Den Sprengstoff haben wir von der Abwehr* erhalten. Dort gab es eine starke Widerstandszelle um Admiral Canaris, Oberst Hans Oster, Hans von Dohnanyi und den Theologen Dietrich Bonhoeffer. Dohnanyi hatte Anfang dieses Jahres einer Gruppe Juden geholfen, in die Schweiz zu fliehen. Doch die Aktion flog auf. Die Gestapo hat Dohnanyi und Bonhoeffer verhaftet. Oster steht vorerst unter Hausarrest. Das erhöht den Druck auf uns, jetzt schnell zu handeln. Denn die Gestapo ist uns auf der Spur.
OSTER
BONHOEFFER
CANARIS
VON DOHNANYI
* Auslandsgeheimdienst der Wehrmacht.
Aber wenn es bisher bereits 20 Attentatsversuche gab – warum ist noch keiner gelungen?
Hitler wird gut geschützt. Es ist nicht einfach, an ihn heranzukommen.
Hitler ist ständig von Männern seiner Leibstandarte umgeben. Es ist unglaublich schwierig, in seine unmittelbare Nähe zu kommen. Eine Pistole zu ziehen oder auf ihn anzulegen, ist praktisch unmöglich. Daher haben wir uns für ein Sprengstoffattentat entschieden.
Aber wie wir sehen, ist diese Technik anfällig. Und bisher hatte Hitler wirklich seltsames Glück. Das fördert nicht gerade die Zuversicht unserer Leute.

Nun liegen all unsere Hoffnungen auf Ihnen, Stauffenberg.
Ich werde alles dafür tun, dass es diesmal gelingt.
Stauffenberg verlässt den Bendlerblock*. In den folgenden Wochen werden das Attentat und der Staatsstreich vorbereitet. Keiner der Verschwörer kann einschätzen, wie weit die Gestapo mit ihren Ermittlungen ist. Verabredungen miteinander erfolgen weder per Telefon noch per Post, sondern sie werden nur persönlich vorgenommen. Die Geheimhaltung hat oberste Priorität.
Von heute an werde ich jeden Tag mit voller Kraft Hochverrat betreiben.
* Gebäudekomplex, in dem seit 1918 die Reichswehrführung in Berlin untergebracht ist.

Mittlerweile ist Tresckows Stab die größte Widerstandszelle innerhalb der Wehrmacht. Aber er hat kürzlich ein Kommando an die Ostfront erhalten und soll im Oktober dort ein Panzergrenadierregiment übernehmen. Die Zeit drängt. Stauffenberg hat aus diesem Grund auch seine anstehende Operation im Münchener Krankenhaus abgesagt, durch die er eine moderne Handprothese erhalten hätte. Stattdessen arbeitet er unter Hochdruck mit Tresckow und Margarethe von Oven an den „Walküre-Plänen“. Sie treffen sich an wechselnden Orten im Grunewald.

20. JULI 1944

NACHTS

Tristanstraße 8, Nikolassee. Die Brüder Berthold* und Claus von Stauffenberg im nächtlichen Gespräch.

* Berthold Schenk Graf von Stauffenberg ist seit 1939 Marinestabsrichters beim Oberkommando der Marine. Schon früher als sein Bruder hatte er Kontakt zu Widerstandskreisen.

Weißt du, wo ich vorhin nach Dienstschluss noch gewesen bin?
In der Rosenkranz-Basilika in der Kieler Straße. Es war Abendandacht. Es gibt dort ein Votivbild der Rosenkranz-Madonna mit dem heiligen Dominikus. Es trägt die Inschrift: „Accipe Sanctum Gladium A Deo."
„Empfange dieses heilige Schwert von Gott!"
Seit Sommer 1942 bin ich nun entschlossen, gegen Hitler vorzugehen. Ich bin mit mir ganz im Reinen.

Nur bedaure ich jetzt, dass wir ihn nicht schon vor zehn Jahren ausgeschaltet haben. Ich bin leider von ihm geblendet worden, wie so viele.
ROOOAAAM!
So ist es vielen gegangen, Claus. Du bist jetzt bereit, dein Leben zu opfern – damit der Krieg und das Morden ein Ende finden. Das würden nicht viele tun. Das wird die Nachwelt anerkennen und würdigen.
Wenn der Staatsstreich gelingt, hole ich zuerst meinen Freund Julius Leber aus dem Gefängnis. Er hat Hitler von Anfang an durchschaut und bekämpft.
Doch jetzt sollten wir noch etwas schlafen, Bruderherz.
Gute Nacht, Claus.
Währenddessen im Zuchthaus Plötzensee.
Seit dem 5. Juli 1944 befindet sich dort der SPD-Politiker Julius Leber in Haft.
Hoffentlich gelingt es Stauffenberg bald, Hitler zu töten. Seit dem KZ bin ich zwar hart im Nehmen. Aber die Foltermethoden dieser Verbrecher werden zunehmend unangenehmer ...

Julius Leber wurde nach dem Ersten Weltkrieg Mitglied des Reichsbanners Schwarz-Rot-Gold, einem Verband von Frontkämpfern, die die junge Demokratie gegen Links- und Rechtsradikale schützen wollten. Nach Hitlers Machtergreifung kam es zu Überfällen durch die SA, die paramilitärische Kampfgruppe der Nationalsozialisten. Lebers Leibwächter Willi Rath schlug zurück und verletzte einen SA-Mann tödlich. Eigentlich genoss Leber als Reichstagsabgeordneter Immunität …
Doch der NS-Staat war kein Rechtsstaat: Leber kam sofort ins Gefängnis. Nach 18 Monaten wurde er zunächst in das Konzentrationslager Esterwegen, dann in das KZ Sachsenhausen verlegt. Erst 1937 wurde er entlassen.
Lebers Wille zum Widerstand war ungebrochen. Er arbeitete wieder im Untergrund, lebte getarnt als Kohlenhändler in Berlin-Schöneberg.
KOHLEN-HANDEL J.Leber
EINGANG
Seit 1943 ist er mit Claus von Stauffenberg befreundet. Sie schätzen sich und führen viele Gespräche. Neben dem Militär steht Leber auch in Kontakt mit dem kommunistischen Widerstand. Doch nach der Denunziation eines Gestapo-Spitzel kommt Leber am 5. Juli 1944 wieder in Haft.

Wenn das Attentat misslingt, wird der Volksgerichtshof uns sehr schnell dem Henker ausliefern.
Aber ich weiß, dass mein Schicksal nicht sinnlos ist.
Riga
Memel
Minsk
Bialystok
Warschau
N
W
S
Währendessen an der Ostfront bei Byałystok, 0:30 Uhr.
Frontverlauf 20. Juli 1944.
Dort kommen noch mehr sowjetische Panzer. Wir können sie nicht aufhalten.
Es bleiben uns nur noch Panzerfäuste. Wir werden die Stellung aufgeben müssen, Haltebefehle hin oder her.

Henning von Tresckow sitzt mit seinem Adjutanten Fabian von Schlabrendorff in seinem Unterstand.
Schlabrendorff, heute soll es geschehen. Der Code wurde uns zugesandt. Wir müssen nun für Stauffenberg und uns das Beste hoffen.
Hitler hat einmal im kleinen Kreis erklärt, der einzige Schutz vor Attentaten sei ein unregelmäßiges Leben. Unberechenbarkeit.
Das verflixte Glück dieses Teufels ist mir unheimlich.
Und Professor Sauerbruch* hat Stauffenberg wegen seiner schweren Verletzungen davor gewarnt, das Attentat selbst durchzuführen.
* Der berühmte Chirurg Ernst Ferdinand Sauerbruch hatte Kontakte zu den Verschwörern des 20. Juli.
Aber er ist zur Zeit der Einzige, der direkten Zugang zu Hitler hat. Alle anderen, die es könnten, haben abgelehnt. Und er ist brillant. Er kann es schaffen.

Am 22. Juni 1944, dem 3. Jahrestag des deutschen Einmarsches in die Sowjetunion, startete die Rote Armee die „Operation Bagration“, einen Angriff an der gesamten Ostfront, um die Wehrmacht aus Weißrussland zu verdrängen. Hitler hatte alle Warnungen vor der russischen Übermacht zurückgewiesen. Aus seiner Sicht sollten zuerst die Amerikaner und ihre Verbündeten in Frankreich besiegt werden, damit dann die dort freigewordenen Truppen wieder in den Osten geworfen werden könnten.
Die sowjetische Überlegenheit betrug an der Ostfront bei der Anzahl der Soldaten das 3,7-Fache, bei der Artillerie das 9,4-Fache, bei den Panzern das 23-Fache, bei Sturmgeschützen das 3,6-Fache und bei Flugzeugen das 10,5-Fache. Zudem operierten im deutschen Hinterland rund 150.000 Partisanen, die zwei Tage vor dem Angriff zahlreiche Sprengungen auf die Versorgungslinien durchführten.

1 Uhr nachts. Auch Werner von Haeften, Adjutant Stauffenbergs und wichtiger Mitverschwörer, schläft in dieser Nacht nicht.
Werner von Haeften, Jahrgang 1908, ist Jurist und arbeitete im Zivilleben als Syndikus einer Hamburger Bank. Mit Kriegsbeginn wurde er als Oberleutnant der Reserve eingezogen. Er nahm 1940 an der Offensive gegen Frankreich teil und wurde hoch dekoriert. 1941 war er beim Einmarsch in Russland dabei, dessen Brutalität ihn schockierte und alarmierte. 1943 wurde er schwer verwundet. Nach der Genesung wurde er nach Berlin versetzt, wo er seinen neuen Vorgesetzten Stauffenberg traf.
In dieser Nacht denkt er daran, wie er vor einiger Zeit den Theologen und Widerstandskämpfer Dietrich Bonhoeffer traf …
Berlin, Marienburger Allee.

Dr. Bonhoeffer: Soll ich Hitler erschießen? Ich könnte es tun, ich habe Zugang zum Führerhauptquartier ...
Nun, allein mit der Tötung Hitlers wäre es nicht getan. Denken Sie etwa an Himmler und seine SS. Oder auch an Göring ...
Ob er als einfacher Oberleutnant überhaupt in die Nähe Hitlers käme?
Ich war in Russland, bei der Heeresgruppe Nord. Dort habe ich die Belagerung Leningrads mitgemacht. Dieser Krieg ist ein einziges Verbrechen. Wäre es für Sie als Pastor moralisch gerechtfertigt, Hitler zu töten?
Ich will Ihnen mit einem Gleichnis antworten ...
Wenn ein Wahnsinniger mit dem Auto durch die Straßen rast, kann ich als Pastor, der anwesend ist, nicht nur die Überfahrenen trösten oder beerdigen, sondern ich muss dazwischenspringen und ihn stoppen.
In ein paar Stunden werden wir versuchen, den Wahnsinnigen zu stoppen ...

20. JULI 1944

MORGENS

Frühmorgens in der Tristanstraße.
Claus von Stauffenberg träumt schwer. In einem nächtlichen Bild reitet er in einer Rüstung zu einem grauenhaften Ort …
Im Traum ist es seine Aufgabe, eine bedrohliche, riesige Spinne zu töten, die schon viele Menschen gefressen hat. Stauffenberg ist im Traum gewillt, dieser Spinne das Haupt abzuschlagen. Auch wenn die Aufgabe fast unerfüllbar zu sein scheint.

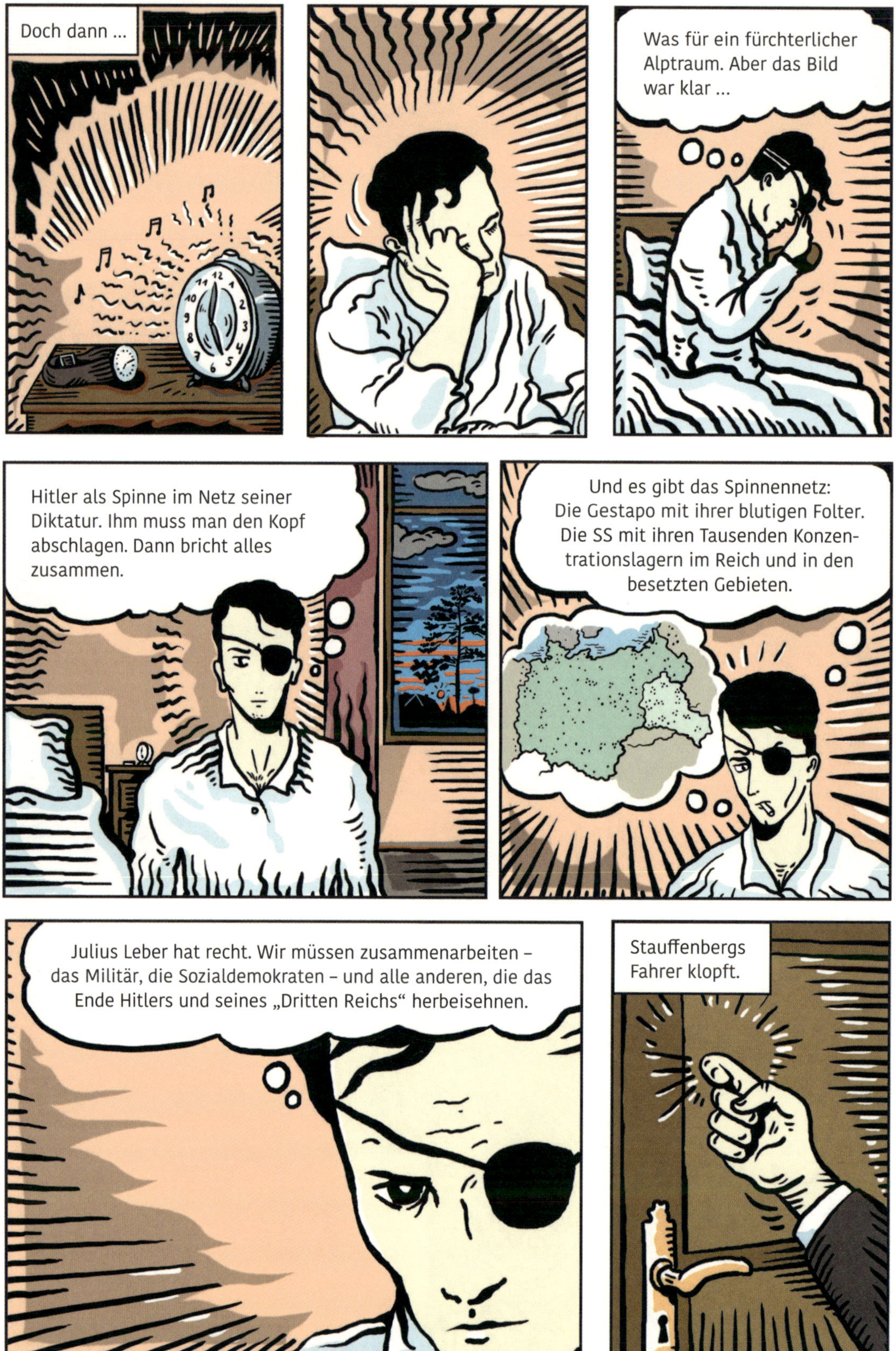
Doch dann ...
Was für ein fürchterlicher Alptraum. Aber das Bild war klar ...
Hitler als Spinne im Netz seiner Diktatur. Ihm muss man den Kopf abschlagen. Dann bricht alles zusammen.
Und es gibt das Spinnennetz: Die Gestapo mit ihrer blutigen Folter. Die SS mit ihren Tausenden Konzentrationslagern im Reich und in den besetzten Gebieten.
Julius Leber hat recht. Wir müssen zusammenarbeiten – das Militär, die Sozialdemokraten – und alle anderen, die das Ende Hitlers und seines „Dritten Reichs“ herbeisehnen.
Stauffenbergs Fahrer klopft.

Der Fahrer ist zugleich Helfer. Stauffenberg braucht aufgrund seiner Verletzungen Unterstützung beim Anziehen, Rasieren und Waschen. Der Fahrer lebt mit den Brüdern Stauffenberg im gemeinsamen Haus in der Tristanstraße. Um 6 Uhr machen sich die Brüder und der Fahrer auf den Weg zum Militärflughafen Rangsdorf.
Dort werden sie bereits von Oberleutnant von Haeften erwartet.
Herr Oberst, das Flugzeug ist startklar.
Der Pilot mahnt zur Eile, die Maschine ist abflugbereit.
Wortlos und ohne Umstände verabschieden sich die Brüder.
7 Uhr.

Können Sie bitte die Tasche nehmen, Haeften? Ist bei Ihnen alles in Ordnung?
Selbstverständlich. Danke der Nachfrage, Herr Oberst, bei mir ist alles bestens. Hoffentlich wird es ein erfolgreicher Tag.
Ja, dafür wollen wir sorgen, Herr Oberleutnant.
Die Offiziere versuchen, noch etwas Ruhe zu bekommen, und hängen ihren Gedanken nach.
ROOOAAA
Ostpreußen ...
Die Menschen dort unten ahnen noch nicht, was sich an der Ostfront anbahnt. Sie werden überrollt werden ...

Stauffenberg denkt an seine letzte Begegnung mit Nina.
Sag mal Claus, wie stehen eigentlich die Chancen, dass euer Attentat gelingt?
Fifty-fifty.
Nina weiß ja nicht, dass ich der Attentäter sein werde. Sie wird es erst aus den Nachrichten im Radio erfahren.
Aber sie ist stark genug dafür. Sie muss es dann auch den Kindern sagen ...

Stauffenberg muss an seinen nächtlichen Traum denken. Er passt zu dem Gedicht „Der Widerchrist“ des berühmten Dichters Stefan George, den die Stauffenberg-Brüder persönlich gekannt haben.
Er rezitiert im Geist das Gedicht, das ihm in diesen Tagen immer wieder durch den Kopf geht. Fast prophetisch muten die düsteren Verse an, die George lange vor 1933 verfasst hatte.
Die weisen die toren – toll wälzt sich das volk ·
Entwurzelt die bäume · zerklittert das korn ·
Macht bahn für den zug des Erstandnen.
Kein werk ist des himmels das ich euch nicht tu.
Ein haarbreit nur fehlt – und ihr merkt nicht den trug
Mit euren geschlagenen sinnen.
HEIL!
HEIL!
HEIL!

*Der Fürst des Geziefers verbreitet sein reich ·
Kein schatz der ihm mangelt · kein glück das ihm weicht …
Zu grund mit dem rest der empörer!*

Ihr jauchzet · entzückt von dem teuflischen schein ·
Verprasset was blieb von dem früheren seim
Und fühlt erst die not vor dem ende.

*Dann hängt ihr die zunge am trocknenden trog ·
Irrt ratlos wie vieh durch den brennenden hof …
Und schrecklich erschallt die posaune.*
Meine Herren, in Kürze werden wir in Rastenburg landen.

20. JULI 1944
VORMITTAGS

Am Flugplatz wartet ein Wagen auf sie, den der Kommandant des „Führerhauptquartiers“ geschickt hat, um die Offiziere abzuholen.

10:15 Uhr. Fahrt zum „Führerhauptquartier Wolfsschanze“.

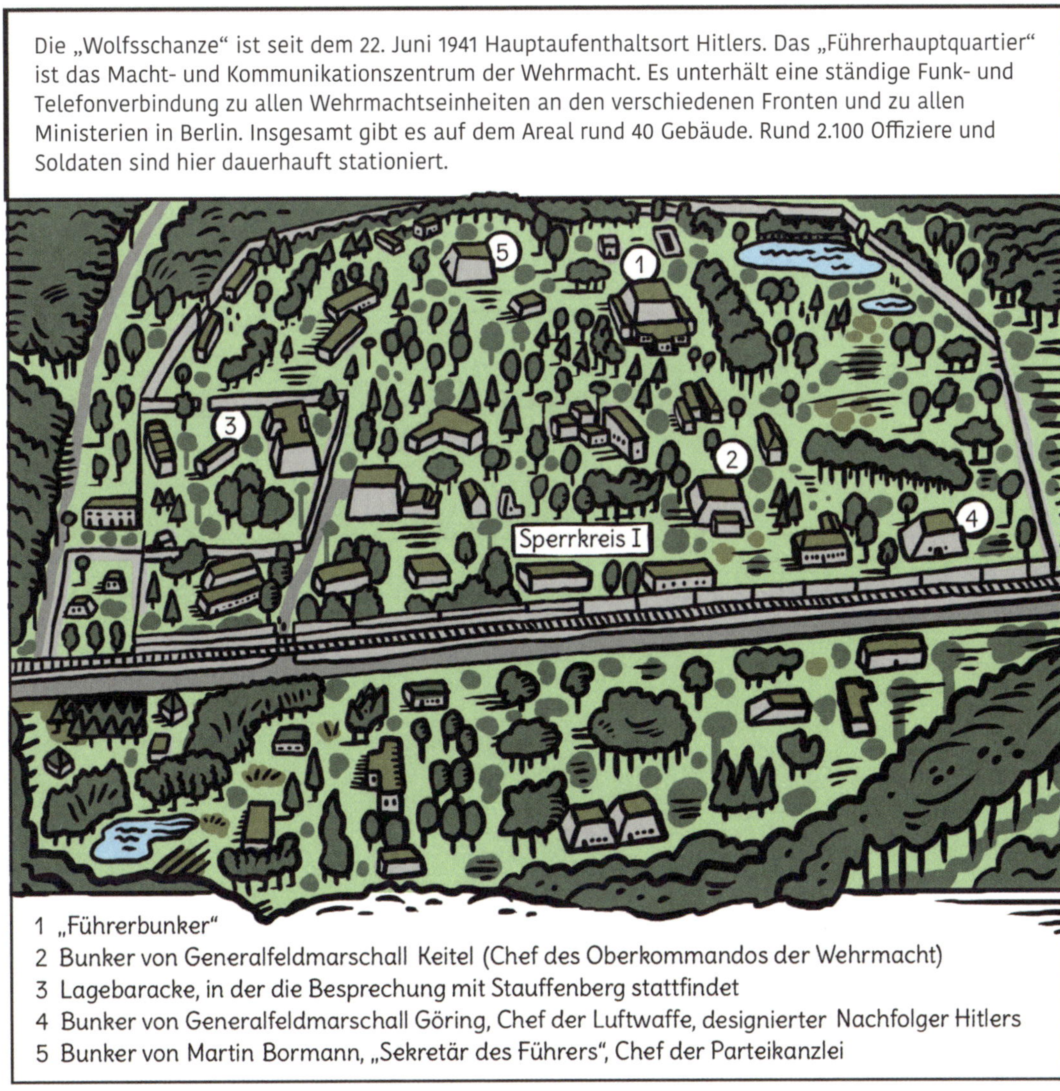
Die „Wolfsschanze“ ist seit dem 22. Juni 1941 Hauptaufenthaltsort Hitlers. Das „Führerhauptquartier“ ist das Macht- und Kommunikationszentrum der Wehrmacht. Es unterhält eine ständige Funk- und Telefonverbindung zu allen Wehrmachtseinheiten an den verschiedenen Fronten und zu allen Ministerien in Berlin. Insgesamt gibt es auf dem Areal rund 40 Gebäude. Rund 2.100 Offiziere und Soldaten sind hier dauerhauft stationiert.
Sperrkreis I
1 „Führerbunker“
2 Bunker von Generalfeldmarschall Keitel (Chef des Oberkommandos der Wehrmacht)
3 Lagebaracke, in der die Besprechung mit Stauffenberg stattfindet
4 Bunker von Generalfeldmarschall Göring, Chef der Luftwaffe, designierter Nachfolger Hitlers
5 Bunker von Martin Bormann, „Sekretär des Führers“, Chef der Parteikanzlei

Es gibt drei Sperrkreise. Für jeden braucht man einen Passierschein. Hitler befindet sich im innen gelegenen, besonders streng gesicherten Sperrkreis I.
Soweit, so gut. Wir sind drin. Und die Bombe auch.
Im Sperrkreis II frühstückt Stauffenberg zunächst mit Rittmeister von Möllendorf, dem Adjutanten des Kommandanten des Führerhauptquartiers, mit dem er sich aus Alibigründen auch schon zum Mittagessen verabredet hat. Stauffenberg überspielt jede Nervosität souverän. Niemandem fällt etwas an seinem Verhalten auf.
Meine Herren, ich glaube es ist Zeit. Sie wissen ja, der Führer wartet nicht gern, und ich habe noch eine Vorbesprechung mit Keitel.
Etwa um diese Zeit erscheint der General der Nachrichtentruppen Erich Fellgiebel. Er ist einer der Mitverschwörer.
Er ist seit Langem bereit, seinen Beitrag zum Widerstand zu leisten. Als ausgewiesener Fachmann gilt er als unersetzlich. Doch er hasst Hitler.
Dieses Schwein! Dieser Zerstörer unseres Vaterlands!

Auf dem Weg zu Generalfeldmarschall Keitel hält Stauffenberg einen Moment inne. Durch die Bäume erblickt er den monströsen Bau des „Führerbunkers“.
1. Lagebaracke
2. Führerbunker
Hitlers gigantischer Bunker. Hier fühlt er sich sicher. Dabei steht die Rote Armee schon vor Ostpreußen. Dieser Verbrecher will nur sein eigenes Ende hinauszögern – und seine Macht erhalten, so lange es geht.

Währenddessen wartet Stauffenbergs Adjutant Werner von Haeften vor der Baracke des Wehrmachtsführungsstabes, in der das Vorgespräch mit Keitel geführt werden soll.
Er hat die Aktentasche mit den Bomben bei sich.
Als Stauffenberg mit den anderen Offizieren kommt, stellt er die Herren vor.
Mein Adjutant von Haeften. General Buhle, Generalleutnant von Thadden, Oberstleutnant Lechner.
Haeften muss nun warten, bis die Besprechung mit Keitel beendet ist. Danach erst können die beiden Offiziere die Bomben scharf machen.
Stauffenberg geht zum Büro von Generalfeldmarschall Wilhelm Keitel. Seit 1938 ist dieser Chef des Oberkommandos der Wehrmacht (OKW). In dieser Position ist er Hitler direkt unterstellt, der selbst das frühere Amt des Reichskriegsministers faktisch übernommen hat. Keitel gilt in Offizierskreisen als Erfüllungsgehilfe Hitlers, als „Ja-Sager". Er trägt im Offizierskorps daher den Spitznamen „Lakeitel". Kritischen Generälen gegenüber kann er aber durchaus auch gefährlich werden.

Herein!
11 Uhr. Sperrkreis I. Gebäude des Wehrmachtsführungsstabs.
Oberst Stauffenberg: Wie steht es mit den Sperrdivisionen?
Personell ist die Aufstellung termingerecht möglich, Herr Generalfeldmarschall. Was die Ausrüstung der Truppen angeht, ist es jedoch nicht zu schaffen.
Aber es war ein ausdrücklicher Führerbefehl, dass die Einheiten zum Stichtag einsatzbereit sind!
Nur 60 Prozent der Fahrzeuge sind einsatzbereit. Ich habe alle diesbezüglichen Unterlagen dabei. Wollen Sie sie sehen?
Ist schon gut, Stauffenberg. Aber ich möchte Sie um etwas bitten: Stellen Sie dem Führer gegenüber die Dinge möglichst optimistisch dar. Er hat zur Zeit so viele Sorgen und braucht einige positive Impulse ...

Keitel am Apparat. Was? Mussolini hat sich zu einem spontanen Besuch angekündigt und die Lagebesprechung wird daher eine halbe Stunde vorverlegt? Gut, in Ordnung. Oberst Stauffenberg ist schon bei mir, wir kommen gleich rüber.
Ich muss mir sofort irgendetwas überlegen ...
Herr Generalfeldmarschall, gibt es eine Möglichkeit, dass ich vorher schnell mein Hemd wechsle? Verzeihen Sie, aber die Flugreise – die große Hitze ...
Selbstverständlich. Mein Adjutant zeigt Ihnen einen Raum.
Wo ist Haeften? Er hat die Tasche mit den Bomben ...
Ah! Haeften – können Sie kurz mitkommen, um mir zu helfen?
Jawohl, Herr Oberst!

Wir müssen die Bomben sofort scharf machen. Wir haben nur wenige Minuten ...
Hier ist das Päckchen mit den Zündern.
Die Feder des Zünders muss gespannt sein. Scheint in Ordnung zu sein.
Nun den Metallstreifen rausziehen. Dann ist der Zünder aktiv.
Moment. Jawohl, Herr Oberst, fertig!
Gut. Jetzt meine Zange ...
Stauffenberg drückt die Spitze des Zünders zusammen. Die Säureampulle im Inneren zerbricht.
Die erste Ladung ist fertig. In 15 bis 30 Minuten geht sie hoch. Schnell, die zweite Ladung.

Den Sprengstoff für die Bomben hat Oberst Wessel Freiherr Freytag von Loringhoven beschafft. Er ist im Generalstab tätig. Vorher wirkte er beim deutschen Auslandsgeheimdienst, dem Amt Abwehr, dessen Chef Admiral Wilhelm Canaris den Widerstandskreis um Hans Oster, Hans von Dohnanyi und Dietrich Bonhoeffer deckte. Von Loringhoven hatte beim Einmarsch in die Sowjetunion Verbrechen des Sicherheitsdienstes der SS miterlebt und sich daraufhin dem Widerstand angeschlossen. Nach dem Ausscheiden von Canaris wurde er Leiter der Heeresabteilung im Generalstab des Heeres. In dieser Funktion konnte er den englischen Sprengstoff und die Zünder beschaffen. Vor dem Attentat schätzte er die Chancen auf einen Erfolg gering ein.
Auch wenn das Attentat nicht gelingt, wird wenigstens in der deutschen Geschichte stehen, dass Menschen ihr Leben eingesetzt haben, um diesen Verbrecher zu beseitigen.
Der englische Bleistiftzünder, auch „time pencil" genannt.
1. Metallstreifen zur Sicherung (muss zunächst entfernt werden)
Schlagbolzen
Feder, vom Draht gehalten
Säure
Glasampulle
3. Mit einer Zange wird die Säureampulle im Inneren des Zünders zerdrückt.
Zündkapsel.
2. Schauloch, durch das Stauffenberg überprüft, ob die Feder gespannt ist (der Bolzen ist dann nicht sichtbar)
4. Die Säure entweicht und löst den gespannten Draht auf.
5. Wenn der Draht sich aufgelöst hat, löst sich die Feder und der Bolzen trifft auf die Zündkapsel. Die Explosion der Bombe erfolgt.
Wir müssen sofort die zweite Bombe scharfmachen.
In diesem Moment klopft es an der Tür ...
Mit dem Rücken blockiert Stauffenberg die Tür, um den Blick ins Zimmer zu verwehren.
General Buhle fragt, wo die Herren bleiben.
Wir kommen sofort!

Wir können nicht sicher sein, ob er etwas gesehen hat.
Nehmen Sie die Tasche mit den Unterlagen und die zweite Bombe – und dann warten Sie beim Auto auf mich.
Herr Oberst! Viel Erfolg!!!
Danke.
Vor der Baracke wartet General Buhle mit zwei Offizieren.
Wo bleibt Oberst Stauffenberg? Wir können doch nicht zu spät zum Führer kommen!
Entschuldigen Sie, meine Herren. Mit nur noch einer Hand brauche ich jetzt für alles mehr Zeit.
Sicher, Stauffenberg. Keine Ursache.
Mit der aktivierten Bombe in der Aktentasche geht es rund 400 Meter zum innersten Sicherheitsbereich, dem sogenannten Führersperrkreis.

20. JULI 1944
MITTAGS

Keitels Adjutant, Major Ernst John von Freyend, bietet Stauffenberg seine Hilfe an:
Soll ich Ihnen die Tasche abnehmen? Sie scheint schwer zu sein.
Nein!
?
Danke, nein. Einen Arm habe ich ja noch.
Im Vorraum legen die Offiziere ihre Mützen und Waffen ab. Nun kommt Stauffenberg auf das Angebot mit der Tasche zurück.
Sagen Sie, Freyend ...
Könnten Sie mir meine Tasche im Besprechungsraum platzieren? Wenn es geht, möglichst dicht beim Führer. Wegen meiner Verletzungen höre ich schlecht und ich will möglichst alles mitbekommen, was der Führer sagt.
Natürlich.
Oh. Die Tasche ist aber schwer!

Ich habe eben viel zu tun.
Natürlich, Herr Oberst. Wie sollte es auch anders sein, bei der Lage an der Ostfront.
Aber der Führer wird schon dafür sorgen, dass es wieder besser wird.
Natürlich, Freyend. Und dazu will ich heute meinen Teil beitragen.
Ach, und Freyend: Meine Tasche bitte gan in die Nähe des Führers
Jawohl, Herr Oberst.
Mein Führer, Oberst Stauffenberg ist hier. Er trägt anschließend zur Lage des Ersatzheeres vor.

Stauffenberg begegnet Hitler nicht zum ersten Mal. Seitdem er am 1. Juli 1944 zum Chef des Stabes beim Befehlshaber des Ersatzheeres, Generaloberst Friedrich Fromm, ernannt wurde, war er dreimal zum Vortrag von Hitler angefordert worden. Am 6. und 11. Juli traf er Hitler auf dessen Berghof, am 15. Juli war er schon einmal in der Wolfsschanze gewesen. Eine Denkschrift von Stauffenberg hatte Hitler ausdrücklich gelobt. „Endlich mal ein einfallsreicher Offizier“, äußerte er dazu.
Doch Hitler misstraut mittlerweile jedem Offizier in seiner Umgebung. Wer ihn offen kritisiert, wird abgesetzt. Hitler wittert überall geheimen Widerstand und traut niemandem.
Verbrecher!
Machen wir weiter, Heusinger.
Das Wort hat Generalleutnant Adolf Heusinger. Er ist Stellvertreter des Generalstabschefs des Heeres, Generaloberst Kurt Zeitzler. Zeitzler hatte Hitler um Ablösung gebeten, weil er von der Sinnlosigkeit der Fortsetzung des Krieges überzeugt war. Da Hitler seine Ablösung ablehnte, meldete sich Zeitzler Anfang Juli 1944 krank. Heusinger hat nun die Aufgabe, Hitler die hoffnungslose Lage an den Fronten darzulegen.
Gibt es an der rumänischen Front etwas Neues?
Nein, mein Führer. Außer örtlichen Kampfhandlungen ist alles ruhig geblieben.

Weiter. Wie steht es ostwärts Lemberg?
Mein Führer, das 13. Corps bei Lemberg geht der Einschließung entgegen.
Die Kräfte aus dem Generalgouvernement werden es wieder freikämpfen.
Diese werden in einer Auffanglinie am San eingesetzt werden müssen. Sie sind zum Angriff nicht geeignet.
Keitel ergreift das Wort.
Mein Führer, vielleicht könnte Oberst Stauffenberg dazu etwas sagen?
Nein. Noch nicht. Ich will mir erst einen Überblick über die Frontlage verschaffen.
Stauffenberg wendet sich jetzt schnell an Keitels Adjutanten:
Hören Sie, ich muss noch einmal dringend telefonieren.
Selbstverständlich, Herr Oberst. Kommen Sie mit raus.

Der Adjutant kehrt zurück in den Lageraum. Stauffenberg geht in das Telefonzimmer. Er nimmt den Hörer ab, legt ihn aber sofort wieder auf den Tisch und verlässt die Lagebaracke.

* Walter Model = Generalfeldmarschall und Oberbefehlshaber der „Heeresgruppe Mitte“. Ernst Koch = NSDAP-Gauleiter und „Reichsverteidigungskommissar“ in Ostpreußen.

Stauffenberg läuft zum Nachrichtenbunker. Dort trifft er Haeften. Auch der Mitverschwörer General Fellgiebel ist dort. Er wird nun die Nachrichtensperre verhängen.
Sander, haben Sie die Explosion gehört?
Das könnte eine Mine gewesen sein. Kein Grund zur Sorge, das passiert hier öfter: Ein Reh läuft über eine Mine und dann kracht es.
Dann bin ich beruhigt. Meine Herren, ich muss zum nächsten Termin in die Kommandantur. Bis bald und auf Wiedersehen!
Stauffenberg und Haeften steigen in den Wagen. Der Fahrer erhält den Befehl, sofort loszufahren.
Herr Oberst, darf ich mir erlauben mitzuteilen, dass Sie Ihre Mütze und Ihren Gürtel vergessen haben?

Fahren Sie los, Mann. Und kümmern Sie sich gefälligst um Ihre eigenen Angelegenheiten!
Jawohl, Herr Oberst!
Eigenartig.
Der Wagen fährt langsam an der brennenden Baracke vorbei. Stauffenberg und Haeften sind sich sicher, dass Hitler nicht überlebt hat.
Sie erreichen den ersten Kontrollpunkt.
Der Ausgang von Sperrkreis I. Nerven behalten.
Ich muss sofort zum Fluplatz. Direkter Führer-befehl.
Der wachhabende Offizier gibt den Weg frei.
Nochmal Glück gehabt ...
Doch bei der zweiten Kontrolle ist bereits der Alarm ausgelöst. Der Ausgang ist gesperrt.

Stauffenberg ist klar, dass der Verdacht sehr schnell auf ihn fallen wird. Wenn es ihm nicht gelingt, das Führerhauptquartier zu verlassen, ist ihm die Folter der Gestapo sicher. Und er könnte die „Operation Walküre“ im Bendlerblock nicht leiten.
Währenddessen herrscht in der zerstörten Lagebaracke noch Konfusion. Ärzte sind eingetroffen, die Verwundeten werden versorgt.
Im Inneren der Baracke sucht Keitel nach Hitler.
Wo ist der Führer?
Mein Führer! Sie leben!

Inzwischen kommt ein blutüberströmter Luftwaffenoffizier in den Nachrichtenbunker, in dem sich General Fellgiebel aufhält.
Der Offizier ist aufgebracht und stark erregt. Stammelnd überbringt er seine Meldung.
?
Attentat auf den Führer. Führer lebt. Nichts darf nach außen dringen!
Beordern Sie persönlich den Reichsmarschall und den Reichsführer SS ins Führerhauptquartier. Befehl vom Führer!
Hitler lebt?
Das werde ich nicht tun ...
Sofort!
Sobald der Befehlsüberbringer den Raum verlassen hat, lässt Fellgiebel die Telefonverbindungen nach draußen kappen.
Das erweist sich jedoch als sinnlos, denn die SS verfügt im Hauptquartier über ihre eigene Telefonanlage.
Lassen Sie alle Verbindungskabel herausziehen. Es ist eine totale Nachrichtensperre verhängt.
Zu Befehl, Herr General!
Ich muss mich selbst überzeugen, ob Hitler lebt. Es wäre eine Katastrophe.
Fellgiebel geht zur Lagebaracke.

Die SS hat Goebbels, Himmler und Göring bereits von Hitlers Überleben informiert. Das Regime ist jetzt im Vorteil.
Es stimmt tatsächlich. Das darf nicht wahr sein.
Das Schwein lebt ...
Hitler ist auf Fellgiebel aufmerksam geworden und schaut ihn prüfend an.
General Fellgiebel läuft zurück in die Telefonzentrale. Er muss die schreckliche Nachricht an die Widerstandskämpfer in Berlin weitergeben.
Soll ich es überhaupt melden? Vielleicht wäre es besser, sie wüssten es nicht? Aber doch. Sie haben ein Recht darauf, es zu erfahren.
Stauffenberg und Haeften stehen unterdessen vor der Wache Süd, dem letzten Hindernis.
Bedaure, Herr Oberst! Ich habe strikten Befehl, bei Alarm niemanden mehr passieren zu lassen.
Dann kann ich vielleicht von Ihrem Büro aus telefonieren? Es ist absolut dringend.

Stauffenberg ruft Rittmeister von Möllendorf an. Dieser weiß noch nichts vom Attentat. Er befiehlt dem wachhabenden Oberfeldwebel telefonisch, Oberst Stauffenberg passieren zu lassen.
Erneut hat Stauffenberg großes Glück und beweist sein gutes Reaktionsvermögen. Einige Minuten später wären sie nicht mehr herausgekommen.
In rasanter Fahrt geht es zum Flughafen.
Unterwegs im Wald wirft Haeften das zweite Sprengstoffpaket aus dem Wagen.
Der Fahrer bemerkt es und wird es später melden.
Am Flughafen hat der Mitverschwörer General Eduard Wagner ein Flugzeug für Stauffenberg bereitstellen lassen.
Die zweimotorige Heinkel „He-111" ist wesentlich schneller als die langsame Ju-52. Die reguläre Kuriermaschine wäre für Stauffenberg zudem zur Falle geworden. Denn die SS oder die Gestapo hätten ihn in Berlin am Flughafen erwartet.
Die Maschine startet um 13:15 Uhr. Rund zwei Stunden Flugzeit liegen nun vor Stauffenberg.

Stauffenberg und Haeften sind für die Dauer des Fluges von allen Informationen abgeschnitten. Aber dass Hitler tot ist, steht für sie fest. Sie gehen daher auch davon aus, dass Fellgiebel die Verschwörer in Berlin informiert hat – und diese die Aktionen des Staatsstreichs in Gang gesetzt haben.
Doch im Bendlerblock herrscht eine seltsame Ruhe.
Bereits um 13 Uhr hatte der Nachrichtenoffizier Generalleutnant Fritz Thiele durch Fellgiebel die Information über das gescheiterte Attentat erhalten. Doch er hält diese zunächst zurück und überlegt, wie er selbst sich nun am besten verhalten soll. Dann spricht er mit den Generälen Olbricht und Wagner. Er schlägt vor, die Staatstreichaktionen einzustellen. Ein Grund ist die Anwesenheit des obersten Vorgesetzten, Generaloberst Friedrich Fromm.
Fromm ist im Nebenzimmer. Da Hitler nicht tot ist, wird er bestimmt nicht mitmachen, meine Herren. Es hat keinen Sinn, weiterzumachen.
Ich sehe es genauso, Thiele. Fromm ist Taktiker. Er wird versuchen, das eigene Leben zu retten. Was sagen Sie, Olbricht?
An Fromm kommen wir nicht vorbei. Und er wird niemals seine Unterschrift erteilen, wenn er hört, dass Hitler lebt.
Dass es nicht zum Attentat kommt oder die Bombe nicht hochgeht, das lag ja im Bereich der Möglichkeiten. Dass aber die Bombe explodiert und Hitler den Anschlag überlebt, daran hat wohl keiner gedacht.
Also gut meine Herren, warten wir zunächst ab.

Doch Oberst Mertz von Quirnheim ist anderer Meinung.
General Olbricht ist sein direkter Vorgesetzter. Aber Mertz entscheidet, dass er diesen nun vor vollendete Tatsachen stellen muss.
Olbricht hat Unrecht. Das Attentat ist erfolgt. Wir sind es Stauffenberg schuldig, aktiv zu werden. Ein Zurück gibt es sowieso nicht mehr.
Ich werde die „Walküre-Befehle“ selbst austeilen. Dadurch zwinge ich Olbricht zum Handeln.
Inzwischen sitzt Himmler in einem Flugzeug in Richtung Osten. Er ist auf dem Weg ins „Führerhauptquartier“.
Ich habe es immer gewusst: Das Offizierskorps der Wehrmacht ist durch Verräter völlig verseucht.
Meine SS und Gestapo haben effektive Instrumente, um mit diesem Abschaum umzugehen: Nach einer Woche Folter werden sie sämtliche Mitverschwörer preisgeben. Und dann werden diese Verräter samt ihren Familien ausgemerzt.

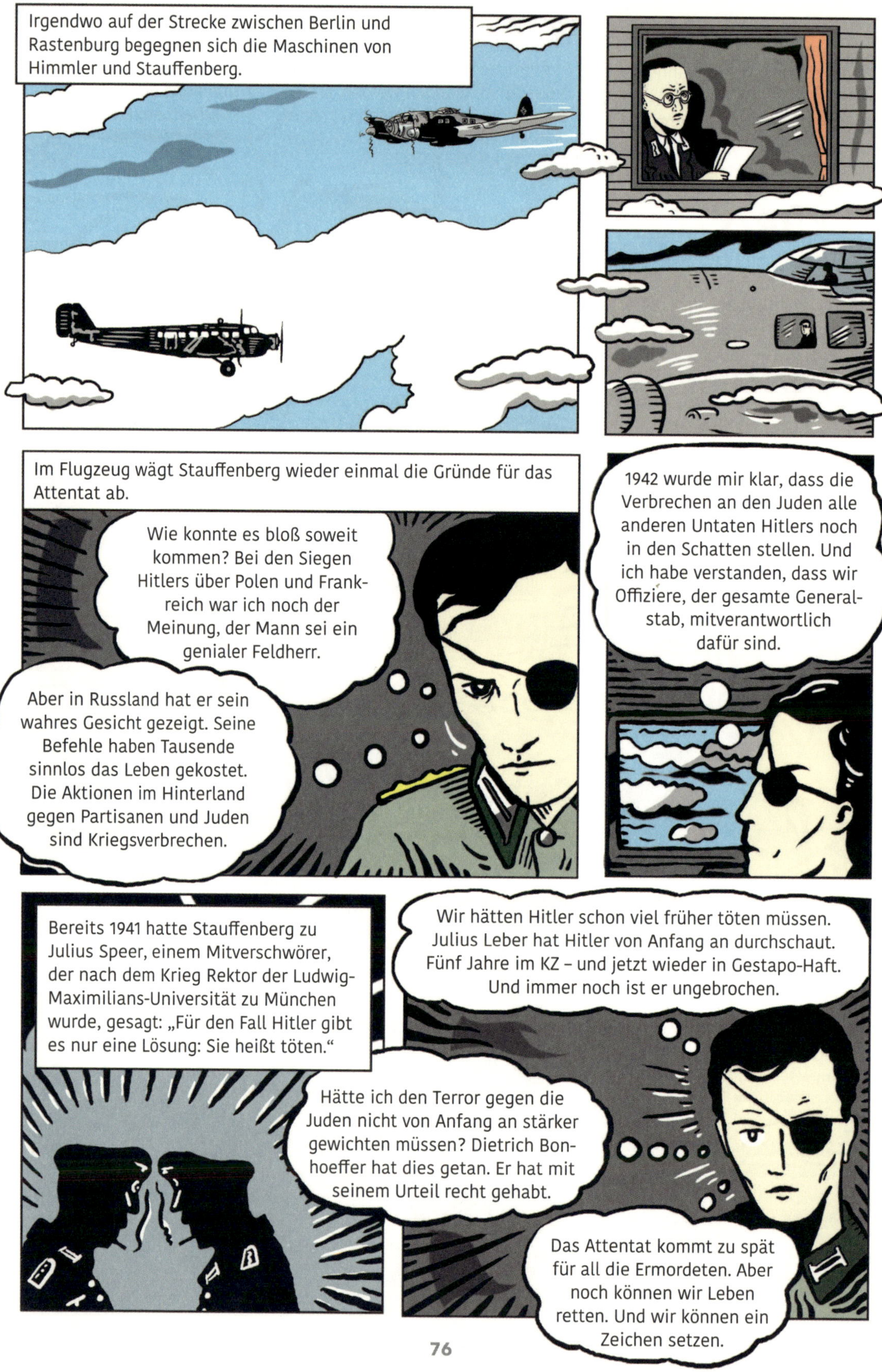
Irgendwo auf der Strecke zwischen Berlin und Rastenburg begegnen sich die Maschinen von Himmler und Stauffenberg.
Im Flugzeug wägt Stauffenberg wieder einmal die Gründe für das Attentat ab.
Wie konnte es bloß soweit kommen? Bei den Siegen Hitlers über Polen und Frankreich war ich noch der Meinung, der Mann sei ein genialer Feldherr.
Aber in Russland hat er sein wahres Gesicht gezeigt. Seine Befehle haben Tausende sinnlos das Leben gekostet. Die Aktionen im Hinterland gegen Partisanen und Juden sind Kriegsverbrechen.
1942 wurde mir klar, dass die Verbrechen an den Juden alle anderen Untaten Hitlers noch in den Schatten stellen. Und ich habe verstanden, dass wir Offiziere, der gesamte Generalstab, mitverantwortlich dafür sind.
Bereits 1941 hatte Stauffenberg zu Julius Speer, einem Mitverschwörer, der nach dem Krieg Rektor der Ludwig-Maximilians-Universität zu München wurde, gesagt: „Für den Fall Hitler gibt es nur eine Lösung: Sie heißt töten."
Wir hätten Hitler schon viel früher töten müssen. Julius Leber hat Hitler von Anfang an durchschaut. Fünf Jahre im KZ – und jetzt wieder in Gestapo-Haft. Und immer noch ist er ungebrochen.
Hätte ich den Terror gegen die Juden nicht von Anfang an stärker gewichten müssen? Dietrich Bonhoeffer hat dies getan. Er hat mit seinem Urteil recht gehabt.
Das Attentat kommt zu spät für all die Ermordeten. Aber noch können wir Leben retten. Und wir können ein Zeichen setzen.

Im Januar 1942 wurde auf der sogenannten „Wannsee-Konferenz“ die fabrikmäßige Ermordung der Juden im besetzten Europa koordiniert. Über Dietrich Bonhoeffer erfuhr der militärische Widerstand davon. Bonhoeffers Schwager Hans von Dohnanyi hatte als hoher Mitarbeiter im Justizministerium Zugang zu den Mordplänen des NS-Regimes. Sie waren eines der Hauptmotive dafür, Hitler zu beseitigen.
Ich fertige Protokolle aller Verbrechen an, die von der SS und Gestapo begangen werden. Nach dem Staatsstreich werden wir einen Prozess führen und die Verbrecher vor Gericht stellen.
Dohnanyi wurde 1943 von der Gestapo verhaftet. 1944 kam er ins Konzentrationslager. Nun hofft er darauf, dass Stauffenberg Erfolg hat.
Die quälenden Maßnahmen gegen die deutschen Juden begannen schleichend und wurden zunehmend gesteigert. Mit Beginn des Krieges 1939 wurde eine Ausreisesperre verhängt. Eine Flucht war nun nicht mehr möglich.
Ende 1941 wurde für alle deutschen Juden der Gelbe Stern eingeführt. Wer ihn verdeckte oder vergaß zu tragen, wurde von der Gestapo verhaftet und ermordet.
Jude
Den werde ich nicht tragen. Ich war immer deutscher Patriot und habe im Ersten Weltkrieg für Deutschland gekämpft. Das ist unerhört!
Hör zu: Wenn du den Stern nicht trägst, wird die Gestapo dich mitnehmen. Sie werden dich umbringen und deiner Frau die Asche in einer Urne zusenden.
Jude
Ende März 1942 wurden im Konzentrationslager Auschwitz erstmals Vergasungen durchgeführt. Jetzt, im Sommer 1944, kommen jeden Tag Züge mit Juden im Lager an, jeden Tag werden Tausende Menschen emordet.
Kinder und alte Menschen werden sofort vergast. Mütter, die ihre Kinder nicht weggeben wollen, werden mit diesen gemeinsam ermordet. Die Leichen werden danach sofort verbrannt.

Eine der ersten Maßnahmen nach dem erfolgreichen Staatsstreich wäre die Öffnung und Befreiung sämtlicher Konzentrationslager. Das Morden in den Todesfabriken käme zum Stillstand.
Aber auch die Bombardierungen der Städte mit Tausenden von zivilen Opfern würden schlagartig enden.
Und die sinnlosen Kämpfe gegen eine hoffnungslos überlegene alliierte Übermacht würden sofort eingestellt werden. Nach dem 20. Juli 1944 starben mehr deutsche Soldaten an den Fronten als in allen vorherigen Jahren des Krieges zusammen.
Die größte Sorge der Widerstandskämpfer gilt Himmler und seiner SS. Allein die Waffen-SS besteht 1944 aus rund 600.000 Mann. Auch viele Franzosen, Holländer und Skandinavier kämpfen mittlerweile für sie. Die Widerstandskämpfer fürchten, dass es zwischen SS und Wehrmacht zu blutigen Kämpfen um die Macht im Staat kommt.
Himmler kommt im Führerhauptquartier an.
Mein Führer. Herzlichen Glückwunsch. Was für ein Wunder, dass sie überlebt haben.
Es ist mehr als ein Wunder, Himmler. Es ist Vorsehung. Ich bin nun mehr denn je davon überzeugt, dass das Schicksal voll hinter mir und meiner Aufgabe steht.

Die Widerstandsgruppe hat auch bewährte Fronttruppen für den Staatsstreich gewinnen können: Die 3. Kavallerie-Brigade wird bereits am 18. Juli durch einen codierten Geheimbefehl von der Ostfront abgezogen. Sie soll am Tag des Staatsstreiches in Berlin eingesetzt werden. 1.200 Kavalleristen machen sich auf den Weg.

Der Kommandeur der Einheit ist Georg Freiherr von Boeselager. Im März 1943 hatte er sich mit Tresckow und anderen Offizieren bereit erklärt, Hitler bei einem Zusammentreffen mit der Pistole zu erschießen. Doch Feldmarschall Hans Günther von Kluge erfuhr von diesem Plan und verhinderte das Attentat. Auch Boeselagers Bruder, Philipp Freiherr von Boeselager, war involviert und hätte an dem Attentat teilgenommen.

Nun fiebern die Brüder der Beseitigung des verhassten NS-Regimes entgegen. Die sechs Kavallerie-Schwadronen sind auf dem Weg nach Brest-Litowsk. Von dort aus sollen die Soldaten mit LKWs nach Warschau verbracht und dann nach Berlin geflogen werden. Die Aufgabe der kampferprobten Fronttruppe ist die Niederkämpfung der in Berlin stationierten SS-Verbände sowie die Verhaftung der Gestapo-Beamten.

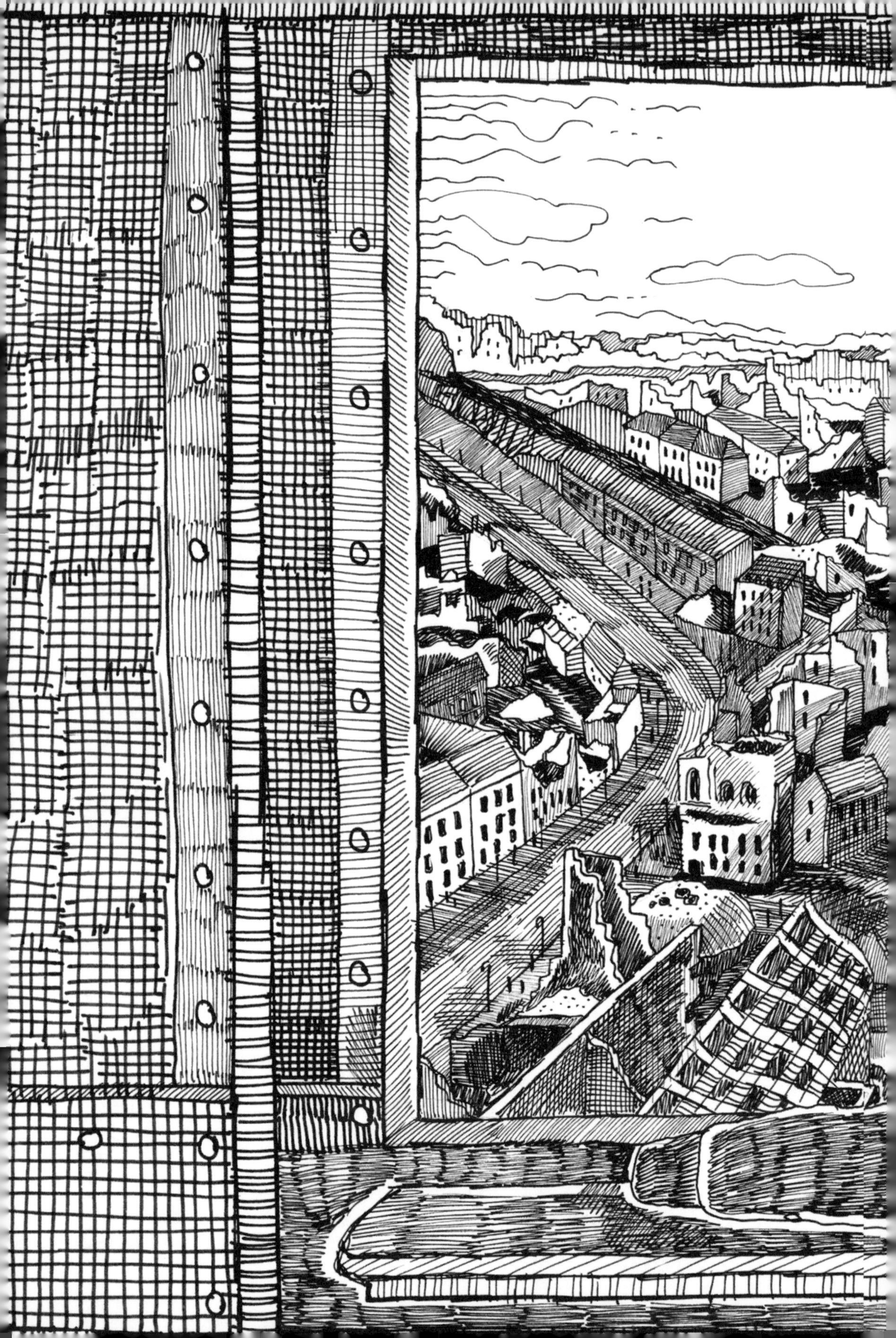

20. JULI 1944
NACHMITTAGS

Weil Stauffenberg richtig vermutet, dass die SS ihn am Flughafen Rangsdorf erwartet, hat er den Piloten angewiesen, auf einem anderen Flughafen zu landen – wo genau, ist unklar. Möglicherweise landet die Maschine auf dem Fliegerhorst Gatow, der 1935 als Militärflughafen gebaut und von Hitler persönlich eingeweiht wurde. Von dort aus tritt er auch seine Flüge von Berlin nach Berchtesgaden an, um zu seinem „Berghof“ zu gelangen.
Rufen Sie gleich im Bendlerblock an, Haeften. ort soll man wissen, dass wir gut angekommen sind. Und erfragen Sie den aktuellen Stand der „Operation Walküre“.
Jawohl, Herr Oberst.
Als Problem erweist sich, dass kein Wagen bereit steht, um die Offiziere zum Bendlerblock nach Berlin zu fahren. Vom Büro der Luftwaffe aus ruft Haeften in der Bendlerstraße an und telefoniert mit General Olbricht. Dieser fragt, was denn nun eigentlich los sei.
Wie bitte? Ist nicht längst die Meldung eingegangen, dass die Bombe planmäßig explodiert und Hitler tot ist?
Wir wissen nur, dass Hitler nicht tot ist. Wir wissen nicht, ob Stauffenberg verhaftet wurde oder was sonst passiert ist.
Das heißt, es wurden bisher keinerlei „Walküre“-Maßnahmen ausgelöst? Das ist eine Katastrophe, Herr General. Außerdem haben der Herr Oberst und ich die Auswirkungen der Explosion gesehen. Das kann niemand überlebt haben. Der Führer lebt nicht mehr.
Hm. Nun gut. Wir hatten andere Informationen. Wir leiten die Aktion jetzt ein. Alles weitere besprechen wir dann, wenn Sie und Stauffenberg hier sind.

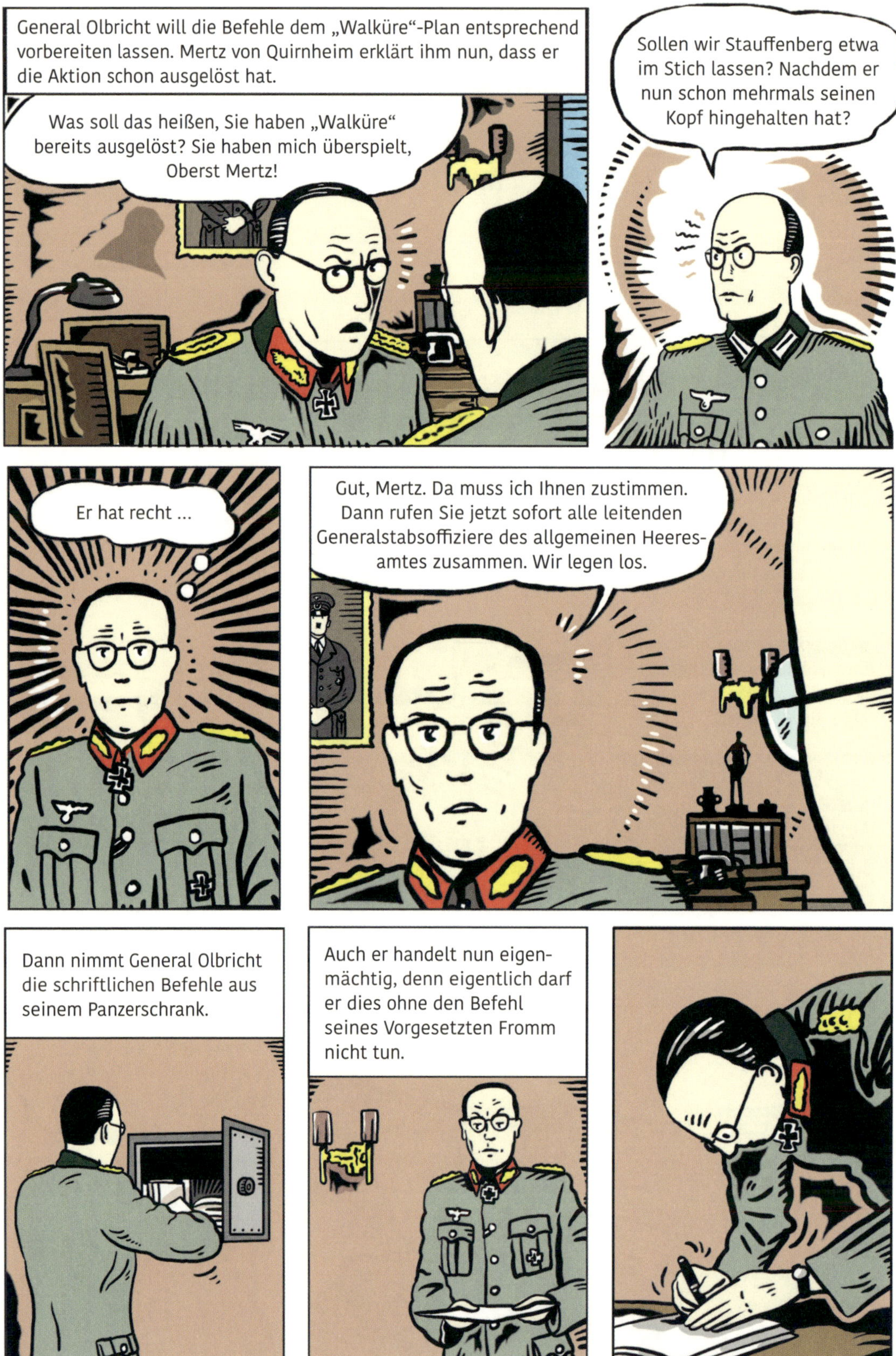
General Olbricht will die Befehle dem „Walküre“-Plan entsprechend vorbereiten lassen. Mertz von Quirnheim erklärt ihm nun, dass er die Aktion schon ausgelöst hat.
Was soll das heißen, Sie haben „Walküre“ bereits ausgelöst? Sie haben mich überspielt, Oberst Mertz!
Sollen wir Stauffenberg etwa im Stich lassen? Nachdem er nun schon mehrmals seinen Kopf hingehalten hat?
Er hat recht …
Gut, Mertz. Da muss ich Ihnen zustimmen. Dann rufen Sie jetzt sofort alle leitenden Generalstabsoffiziere des allgemeinen Heeresamtes zusammen. Wir legen los.
Dann nimmt General Olbricht die schriftlichen Befehle aus seinem Panzerschrank.
Auch er handelt nun eigenmächtig, denn eigentlich darf er dies ohne den Befehl seines Vorgesetzten Fromm nicht tun.

Doch „Walküre“ schreitet nur langsam voran. Gegen 16:10 Uhr telefoniert der Befehlshaber des Ersatzheeres, Generaloberst Friedrich Fromm, mit Generalfeldmarschall Keitel in der Wolfsschanze.
Was sagen Sie? Ein Attentat auf den Führer? Das ist ja unerhört! Aber der Führer lebt? Na, Gott sei Dank!
Keitel ist misstrauisch.
Denn in der „Wolfsschanze“ gilt Stauffenberg bereits als Täter.
Sagen Sie, Fromm, wo ist übrigens Ihr Chef des Stabes, der Oberst Graf Stauffenberg?
Stauffenberg ist noch nicht bei mir eingetroffen.
Mittlerweile ist Olbricht aktiv geworden. Er will das Unternehmen jetzt vorantreiben. Er gibt telefonisch Befehle an die vorgesehenen Einheiten heraus. Er informiert die Stadtkommandantur, die eine Schlüsselrolle für den Innenstadtbereich Berlins übernehmen soll. Vor allem das Reichssicherheitshauptamt und die SS-Ämter haben Priorität. Die Einheiten werden mit entsprechenden Plänen versehen.
Um 16:30 Uhr kommen endlich auch Stauffenberg und Haeften im Bendlerblock an.
Und zugleich treffen weitere Mitkämpfer des Widerstands ein.

Im Bendlerblock haben sich mittlerweile viele Widerstandskämpfer versammelt. Doch es herrscht eine unsichere Stimmung. Ist Hitler nun tot oder nicht? Diese Ungewissheit blockiert die Dynamik des Staatsstreichs. Da erscheinen Stauffenberg und Haeften.
Meine Herren! Was ist denn los? Wo bleibt Ihre Tatkraft? Jede Minute ist kostbar, wir haben viel zu tun.
Es ist immer noch unklar, ob Hitler nun lebt oder nicht. Das sorgt für Irritationen.
Hören Sie, Hitler ist tot. Wir sind an der Lagebaracke vorbeigefahren. Die Detonation war so, als sei dort eine Zehnpfünder-Granate eingeschlagen. Das kann niemand überlebt haben.

Stauffenberg, diesen Bericht müssen Sie dem Generaloberst Fromm geben. Er glaubt nämlich, dass Hitler überlebt hat.
Gut, Olbricht.
Gehen wir zu ihm. Haeften und Kleist – kommen Sie mit.
Wenig später ...
Herein!
Herr Generaloberst: Hitler ist tot. Ich fordere Sie auf, sich unserem Unternehmen nicht mehr entgegenzustellen.
Waren Sie dabei?

Herr Generaloberst, ich habe die Bombe selbst während der Besprechung bei Hitler gezündet.
Graf Stauffenberg. Das Attentat ist missglückt. Sie müssen sich sofort erschießen.
Das werde ich nicht tun.
Dann erkläre ich Sie hiermit für verhaftet.
Herr Generaloberst, Sie verkennen die Situation. Wenn hier jemand verhaftet wird, dann sind Sie es!
Das ist ungeheuerlich. Stauffenberg, ich lasse Sie vor ein Kriegsgericht bringen.

Herr Generaloberst haben fünf Minuten Bedenkzeit.
Ich beuge mich der Gewalt. Ich sehe mich außer Kurs gesetzt.
Fromm wird unter Arrest gestellt.
Stauffenberg wirkt äußerlich völlig kontrolliert, aber sein Brustkasten geht wie ein Blasebalg. So beschreibt es Ewald Heinrich von Kleist nach dem Krieg. Für ihn ist das Gefühl der inneren Verbundenheit zwischen den Verschwörern von einer außergewöhnlichen Intensität. Stauffenberg und Haeften reichen sich die Hand. Es ist wie eine Verstärkung ihres Schwurs.
Es musste sein. Bis zum Äußersten.
Nun kann Stauffenberg den Staatsstreich ungestört und mit seiner gewohnten Energie vorantreiben.
Das Werkzeug, mit dem er nun im ganzen Reich und in den von der Wehrmacht besetzten europäischen Ländern führende Offiziere gewinnen will, ist das Telefon.
Gemeinsam müssen wir uns durchsetzen, damit dieser Krieg endlich beendet wird. Sehen Sie das genauso? Gut.
Im direkten Gespräch versucht er, mit großer Überzeugungskraft an das Gewissen seiner Gesprächspartner zu appellieren.
Dann folgen sie jetzt den „Walküre“-Befehlen. Wir alle hier bauen auf Sie!

Inzwischen hat Hitler am „Waldbahnhof Görlitz“, der zum „Führerhauptquartier“ gehört, Benito Mussolini empfangen. Er legt dabei größten Wert auf ein gefasstes Erscheinungsbild. Denn er will in den Filmberichten und auf den Fotos auf die Weltpresse einen starken Eindruck machen.
Duce. Vor wenigen Stunden habe ich das größte Glück meines Lebens erlebt.
Gemeinsam besichtigen die Diktatoren die verwüstete Baracke.
Das ist ja fürchterlich!
Duce, es war Vorsehung.

Später wird eine Teestunde abgehalten. Dabei bricht es plötzlich aus Hitler heraus.
Ich weiß, dass ich mit der Vorsehung an meiner Seite den Krieg zu einem siegreichen Ende bringen werde.
Aber vorher werde ich alle vernichten, die sich mir in den Weg gestellt haben!
Ich werde die verbrecherischen Elemente, die an ihrem eigenen Volk Verrat geübt haben, ausrotten, ausmerzen und zermalmen!
Mussolini ist verstört angesichts der unbeherrschten Tirade Hitlers. Die Teilnehmer der Runde sind konsterniert.
Ribbentrop und Göring geraten in Streit. Das „Dritte Reich“ zeigt Nerven.
Für Sie immer noch Herr von Ribbentrop, Herr Göring!
Himmler schlägt Hitler vor, der Gestapo die Erlaubnis zu erteilen, jeden Angehörigen der Wehrmacht verhaften zu dürfen.
Hitler ist einverstanden. Außerdem überträgt er Himmler mit sofortiger Wirkung den Oberbefehl über das Ersatzheer.
Fliegen Sie persönlich nach Berlin, Himmler. Räumen Sie dort auf. Und sorgen Sie dafür, dass niemand entkommt.

Im Bendlerblock in Berlin haben sich mittlerweile viele weitere Widerstandskämpfer versammelt. Darunter sind unter anderen Eugen Gerstenmaier, Peter Graf Yorck von Wartenburg, Fritz-Dietlof Graf von der Schulenburg, Hans Bernd Gisevius und Berthold Schenk Graf von Stauffenberg.
Seinem Bruder erzählt Stauffenberg vom Hergang des Attentats.
Die Auswirkungen der Explosion haben wir noch gesehen, Berthold. Die waren verheerend.
Doch die Zweifel bleiben bei vielen bestehen und führen zu Unsicherheiten.
Ein Offizier, der dennoch unmittelbar aktiv wird, ist Paul von Hase, der Stadtkommandant von Berlin. Seit 1938 ist er im Widerstand. Dietrich Bonhoeffer ist sein Neffe.
Stadtkommandantur Unter den Linden.
Von seinem Amtssitz aus befiehlt er seinen Einheiten die Absperrung des Regierungsviertels.
Der Kommandeur des Wachbataillons, Major Remer, ist über den Befehl seines Vorgesetzten irritiert. Aber Befehl ist Befehl. Er ordnet die Absperrung des Regierungsviertels an.

Um 17 Uhr treffen Graf Schwerin von Schwanenfeld und Ludwig Beck ein.
Ulrich Graf Schwerin von Schwanenfeld war ein früher Nazi-Gegner. Als Hitler 1934 den SA-Chef Röhm und weitere persönliche Feinde von der SS ermorden ließ, kommentierte Schwerin das mit den Worten: „Wer es jetzt noch nicht kapiert hat …"
Ludwig Beck ist ein verdienter preußischer Offizier, der 1935 Generalstabschef des Heeres wurde. Hitlers Kriegspolitik entsetzte ihn zutiefst. 1938 versuchte er, den Generalstab zum Widerstand zu formieren. Beck galt Hitler schon frühzeitig als besonders „gefährlich". 1938 trat Beck von seinem Amt zurück und organisierte den Widerstand. Die Gestapo observierte ihn ständig.

Währenddessen beginnt Keitel im „Führerhauptquartier" mit Gegenmaßnahmen, um den Staatsstreich zu verhindern. Er gibt einen Funkspruch an alle Wehrkreise heraus:
Schreiben Sie: „Blitzfunkspruch! Der Führer lebt! Völlig gesund! Reichsführer SS wird Oberbefehlshaber Ersatzheer, nur seine Befehle gelten!"

In den Wehrkreisen laufen jetzt unterschiedliche Befehle und Informationen ein. Stauffenberg versucht ohne Unterlass, die verschiedenen Befehlshaber auf die Seite der Widerstandskämpfer zu ziehen.
Ich kann mich doch auf Sie verlassen? Hören Sie, enttäuschen Sie mich nicht.
Es kommt jetzt nur darauf an, nicht nachzulassen. Dies ist die Stunde der Offiziere. Die Panzer rollen, der Laden läuft!

Die Befehle aus dem Bendlerblock werden nun umgesetzt. In Wien lässt General von Esebeck, ein Freund von Stauffenberg, die Gestapo-Zentrale besetzen und deren berüchtigte Beamte verhaften.
Was soll das bedeuten? Ist das ein Putsch?
Bleiben Sie ruhig. Sie sind vorläufig unter Arrest.
Auch in Prag, Hamburg und Kassel kommt es zu Verhaftungen von Parteiführern.
Staatspolizeileitstelle Prag
Die wichtigsten Adressaten der „Walküre“-Befehle sind die 21 Wehrkreis-Kommandos, die im Wesentlichen in den Landeshauptstädten des Reiches und in den Hauptstädten der besetzten Länder angesiedelt sind. Doch beim Versand der Befehle passiert etwas Unvorhergesehenes. Durch eine Schaltung der Nachrichtenverbindungen landen die Befehle auch in der Nachrichtenzentrale der „Wolfsschanze“.
Das sind neue Befehle aus dem Bendlerblock. Bringen sie die sofort zu Generalfeldmarschall Keitel.
Von nun an ist die „Wolfsschanze“ im Vorteil, denn alle Befehle aus dem Bendlerblock können nachvollzogen und durch Gegenbefehle aufgehoben werden.
Der Führer lebt, hören Sie? Es handelt sich um einen Staatsstreich. Es sind allein die Befehle aus der Wolfsschanze zu befolgen!

17 Uhr. Bendlerblock.
Im Auftrag von Himmler erscheint ein SS-Mann im Gebäude.
Er scheint sich nicht auszukennen. Er betritt eines der vielen Vorzimmer.
Entschuldigen Sie bitte die Störung. Aber ich hätte gern mit Oberst Stauffenberg gesprochen.
Der Mitverschwörer Hauptmann Klausing hat den SS-Mann auf dem Flur gesehen. Er ist ihm unauffällig gefolgt.
Schön ruhig bleiben. Sie sind vorläufig festgenommen.
Gut gemacht, Klausing. Bringen Sie ihn in den Arrestraum.
Mittlerweile treffen einige gute Neuigkeiten im Bendlerblock ein.

Paris.
In Paris gibt es eine starke Widerstandsgruppe. General Carl-Heinrich von Stülpnagel ist der Militärbefehlshaber von Frankreich mit Sitz in Paris. Er steht voll hinter den Umsturzplänen. Sein enger Mitarbeiter Caesar von Hofacker ist ein Vetter von Stauffenberg. Auch Generalleutnant Hans Speidel ist ein aktiver und mutiger Mitverschworener. Später wird er die Zerstörungsbefehle von Hitler für die Stadt Paris boykottieren.
Wehrmachtseinheiten rücken aus, um gemäß den „Walküre“-Befehlen die SS- und Gestapo-Truppen zu entwaffnen und zu verhaften.
SS LEITSTELLE PARIS

Paris ist ein voller Erfolg. Die Wehrmacht hat dort 1.200 SS- und Gestapo-Männer verhaftet. Und wenn Stülpnagel jetzt die Oberbefehlshaber West überreden kann, gegenüber den Amerikanern und Engländern die Kämpfe einzustellen, dann wäre der Krieg dort vorbei.
Das ist aber zweifelhaft, Haeften. Denn der „kluge Hans"* wird erst dann mitmachen, wenn er sich garantiert auf der Siegerseite sieht.
* Generalfeldmarschall Hans Günther von Kluge.
Und das hängt für ihn davon ab, ob Hitler nun tot ist oder nicht.
Auch aus Wien kommen gute Nachrichten. Wir müssen dranbleiben. Dann ist es am Ende gleichgültig, ob Hitler noch lebt oder nicht. Wir müssen jetzt neue Tatsachen schaffen.
Richtig!
Kann jemand sagen, ob der Befehl zur Besetzung des Staatssenders in der Masurenallee schon rausgegangen ist?
Wir müssen unsere Regierungserklärung über das Radio verlesen. Dann weiß die Bevölkerung, um was es geht.
Der Befehl ist rausgegangen, Herr General. Die Truppen haben bereits die Kaserne verlassen und sind auf dem Weg.
Aha. Sehr gut.

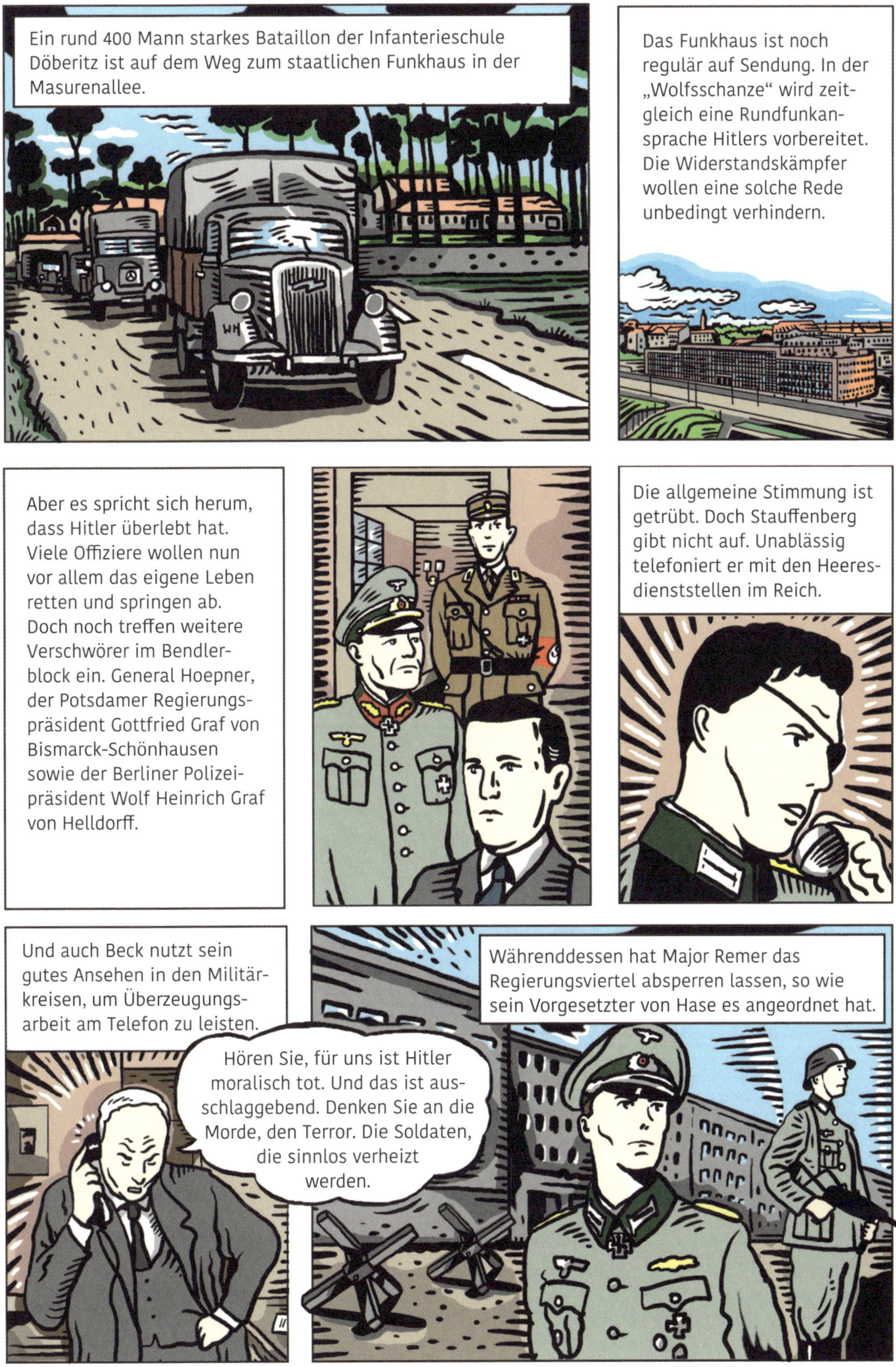
Ein rund 400 Mann starkes Bataillon der Infanterieschule Döberitz ist auf dem Weg zum staatlichen Funkhaus in der Masurenallee.
Das Funkhaus ist noch regulär auf Sendung. In der „Wolfsschanze“ wird zeitgleich eine Rundfunkansprache Hitlers vorbereitet. Die Widerstandskämpfer wollen eine solche Rede unbedingt verhindern.
Aber es spricht sich herum, dass Hitler überlebt hat. Viele Offiziere wollen nun vor allem das eigene Leben retten und springen ab. Doch noch treffen weitere Verschwörer im Bendlerblock ein. General Hoepner, der Potsdamer Regierungspräsident Gottfried Graf von Bismarck-Schönhausen sowie der Berliner Polizeipräsident Wolf Heinrich Graf von Helldorff.
Die allgemeine Stimmung ist getrübt. Doch Stauffenberg gibt nicht auf. Unablässig telefoniert er mit den Heeresdienststellen im Reich.
Und auch Beck nutzt sein gutes Ansehen in den Militärkreisen, um Überzeugungsarbeit am Telefon zu leisten.
Hören Sie, für uns ist Hitler moralisch tot. Und das ist ausschlaggebend. Denken Sie an die Morde, den Terror. Die Soldaten, die sinnlos verheizt werden.
Währenddessen hat Major Remer das Regierungsviertel absperren lassen, so wie sein Vorgesetzter von Hase es angeordnet hat.

20. JULI 1944
ABENDS

Diese Befehle sind sehr sonderbar. Wer kämpft hier eigentlich gegen wen?
Leutnant Hagen erscheint. Er ist der Ordonnanzoffizier von Major Remer.
Herr Major, bitte erlauben Sie mir eine Bemerkung.
Herr Major, hier stimmt doch etwas nicht. Das sieht doch nach einem Putsch aus!
Durch meine Mitarbeit im Propagandaministerium kenne ich Goebbels persönlich. Lassen Sie mich mit ihm sprechen. Er weiß sicher, was hier los ist.
In Ordnung, Hagen. Und beeilen sie sich, es geht hier ums Ganze!

Hagen findet Goebbels in dessen Palais in der Nähe des Brandenburger Tors. Er berichtet über die Lage. Goebbels weist Hagen an, sofort Major Remer zu ihm zu bringen.
Dann klingelt Goebbels' weißes Telefon: Seine direkte Verbindung zu Hitler.
Goebbels. Wo bleibt die Rundfunkmeldung, dass ich am Leben bin? Warum wurde noch nichts gesendet?
Mein Führer! Ich bin gerade dabei, einen begleitenden Kommentar zu der Meldung zu verfassen.
Goebbels, lassen Sie das. Es geht jetzt darum, der Gegenseite zuvorzukommen.
Sie müssen davon ausgehen, dass die Rundfunksender von den Verrätern besetzt werden. Bringen Sie die Meldung sofort auf Sendung. Und lassen Sie sie konstant wiederholen. Wir müssen dem Volk klarmachen, dass ich lebe.
Jawohl, mein Führer!
Ich muss jetzt die Nerven behalten.
Goebbels lässt sich telefonisch mit Rüstungsminister Speer verbinden.

Albert Speer, Architekt der Bauten des Nürnberger Parteitagsgeländes und der Berliner Reichskanzlei, ist als Rüstungsminister einer der wichtigsten Männer der NS-Regierung.
Hier spricht Speer.
Speer! Gut, dass Sie da sind.
Speer, hören Sie? Können Sie in mein Büro kommen? Es ist ein Staatsstreich im Gange. Ihre ruhige Art würde mir hier sehr helfen. Wir müssen jetzt sehr durchdacht handeln.
Ich komme sofort.
Speer, dessen Büro gleich um die Ecke liegt, erscheint bei Goebbels.
Gut, dass Sie so schnell kommen konnten.
Ich warte auf Major Remer. Er ist der Kommandant des Wachbataillons. Von ihm hängt alles ab.
In dem Moment ...
Herr Minister, Major Remer wünscht Sie zu sprechen.
Führen Sie ihn herein.
Remer hat den Befehl, Goebbels zu verhaften. Aber Leutnant Hagen hat ihm vorgeschlagen, Goebbels selbst nach dessen Einschätzung der Lage zu befragen. Goebbels weiß, dass Remer ein fanatischer Nationalsozialist und radikaler Hitler-Anhänger ist. Doch Remer will keinesfalls zwischen die Fronten geraten. Befehl ist Befehl und wenn Hitler tot ist, dann will er auf der richtigen Seite stehen.
Herr Minister, darf ich Sie fragen, was eigentlich los ist?
Das wollte ich eigentlich Sie fragen, Remer.

Ich habe aus der Stadtkommandantur den Befehl erhalten, mit meinen Männern das Regierungsviertel abzusperren und zu sichern. Diese Befehle führe ich natürlich aus, denn ich fühle mich an meinen Eid gebunden, auch wenn der Führer nicht mehr lebt.
??
Wieso?
Der Führer lebt doch! Ich habe gerade eben mit ihm gesprochen.
Das Attentat ist misslungen! Sie sind einer Mystifikation aufgesessen!
Remer, sind Sie überzeugter Nationalsozialist?
Jawohl, Herr Minister!
Sie können selbst mit dem Führer sprechen. Ich verbinde Sie mit ihm.

Mein Führer. Ich habe hier Major Remer am Apparat. Er will sichergehen, dass Sie am Leben sind.
Geben Sie mir den Major.
Major Remer. Hören Sie mich? Erkennen Sie meine Stimme?
Jawohl!
Wie Sie sich also überzeugen können, lebe ich. Sie, Major Remer, erhalten von mir in diesem Augenblick alle Vollmachten für Berlin und sind mir persönlich und niemandem anderen verantwortlich, sofort Ruhe und Sicherheit in der Reichshauptstadt wiederherzustellen.
Sie werden mir zu diesem Zweck so lange unterstellt, bis der Reichsführer SS Himmler dort eintrifft und Sie aus der Verantwortung entlässt.
Haben Sie mich verstanden?
Jawohl, mein Führer!

Major Remer – wenn Sie mögen, können Sie hier in den unteren Räumen des Hauses Ihren Gefechtsstand einrichten. Sie erhalten alle Unterstützung, die Sie brauchen.
Ja, Herr Minister. Ich werde sofort alle Kommandeure einbestellen.
Mittlerweile ist es 19:30 Uhr. Die „Operation Walküre“ hat einen entscheidenden Schlag erhalten, von dem sie sich nicht wieder erholen wird.
Stauffenberg zeigt weiterhin Kampfgeist. Allerdings weiß er nun, dass Hitler noch lebt. Und er fragt sich, warum die Abschaltung der Radiosender durch die Soldaten nicht geklappt hat. Denn der Rundfunk ist immer noch auf Sendung.
Stauffenberg leistet ununterbrochen Überzeugungsarbeit.
Die Befehle aus der „Wolfsschanze“ sind ungültig. Das Militär hat vorübergehend die Exekutive übernommen.

Da kommt Ludwig Beck mit einer günstigen Nachricht.
Stauffenberg! Anscheinend ist jetzt das Haus des Rundfunks in der Masurenallee von unseren Einheiten besetzt worden.
Ich habe bereits einen ersten Text für unsere Radiomeldung formuliert. Wollen Sie hören?
„Hitler ist moralisch tot. Seine verbrecherische Reichsregierung ist abgesetzt. Das Militär hat vorübergehend die Macht im Reich übernommen. Deutschland braucht jetzt einen sofortigen Neuanfang …“
Ausgezeichnet, Beck. So machen wir es!
Doch der Techniker des Rundfunksenders hat die Widerstandskämpfer getäuscht. Tatsächlich bleibt der Sender aktiv, bringt aber die Meldung, die in der „Wolfsschanze“ formuliert worden ist. Nun läuft alles im Sinne Hitlers.
Die Meldung wird ständig wiederholt. Und es wird eine Ansprache Hitlers für den selben Abend angekündigt. Der Text geht auch an die Weltpresse. Er lautet:
„Auf den Führer wurde heute ein Sprengstoffanschlag verübt. Aus seiner Umgebung wurden hierbei schwer verletzt: Generalleutnant Schmundt, Oberst Brandt, Mitarbeiter Berger. Leichtere Verletzungen trugen davon: Generaloberst Jodl, die Generale Korten, Buhle, Bodenschatz, Heusinger, Scherff, die Admirale Voß, von Puttkamer, Kapitän zur See Aßmann und Oberstleutnant Borgmann. Der Führer selbst hat außer leichten Verbrennungen und Prellungen keine Verletzungen erlitten. Er hat unverzüglich darauf seine Arbeit wieder aufgenommen und – wie vorgesehen – den Duce zu einer längeren Aussprache empfangen. Kurze Zeit nach dem Anschlag traf der Reichsmarschall beim Führer ein.“

Die Meldung verbreitet sich unter den Soldaten wie ein Lauffeuer. Es ist das Ende der Autorität der Widerstands-gruppe im Bendlerblock. Denn nun stellen viele Ein-heiten ihren Gehorsam ein und laufen zur anderen Seite über.
Schreiben Sie: „Die Radiomeldung ist eine Fälschung. Zu befolgen sind allein die Befehle aus der Bendlerstraße.“
Doch er spürt, dass es eigentlich keinen Sinn mehr hat.
Wie konnte er das Attentat nur überleben?
Gegen 20 Uhr, als eigentlich schon alles vorbei ist, kommt Generalfeldmarschall von Witzleben im Bendlerblock an. Er hat bereits festgestellt, dass die Soldaten nicht mehr unter der Kontrolle des Widerstands agieren. Auch die Tatsache, dass der Rund-funk nach wie vor im Sinne Hitlers sendet, empört ihn.
Stauffenberg. Was ist eigentlich los?

Witzleben sollte nach dem gelungenen Putsch das Oberkommando über die Wehrmacht übernehmen. Aber ohne loyale Truppen hat er keine Funktion. Er macht seiner Wut über das Scheitern des Attentats auf Hitler Luft und schimpft, denn er sieht darin ein Versagen seiner Mitstreiter. Dann erklärt er, er werde jetzt nach Hause fahren und nicht mehr wiederkommen. Niemand erhebt einen Einwand.
Sie lassen uns alle im Stich ...
Auch wenn der Staatsstreich jetzt misslingt, Claus: Wir haben das Zeichen gesetzt, das nun um die Welt geht!
General Olbricht gibt den Befehl, den Bendlerblock zu sichern, um mögliche Angreifer abzuwehren.
22:15 Uhr
Doch nun fühlen sich einige der Offiziere, die bisher Olbrichts Befehle ausführten, übergangen. Sie wurden immer noch nicht darüber aufgeklärt, dass ein Putsch im Gange ist. Nun wollen sie wenigstens den eigenen Kopf retten. Sie gehen zu Olbricht, um eine Aussprache mit ihm zu halten.
Herr General: Sind Sie für oder gegen den Führer?

Hitler hat unser geliebtes Vaterland vernichtet. Er ist ein Verbrecher.
Dann muss ich Sie jetzt festnehmen, Herr General.
In diesem Moment betritt Stauffenberg das Büro und ist überrascht ...
Er macht auf dem Absatz kehrt und flieht.
Halt! Stehen bleiben!
Stauffenberg! Bleiben Sie stehen! Sie sind verhaftet!
Auf dem Flur zieht Hauptmann Klausing, der treu zu Stauffenberg steht, seine Waffe und schießt auf die Verfolger.
PAN
Stauffenberg zieht ebenfalls sein Pistole, wird aber am Arm getroffen und blutet stark.

Doch niemand der Anwesenden hat die Absicht, Nahkämpfe auszufechten. Stauffenberg kann sich zu Beck und Haeften ins Büro zurückziehen, während die gegnerischen Offiziere zunächst Generaloberst Fromm befreien ...
Es ist vorbei.
Aber in Paris wurden weit mehr als 1.000 SS-Männer und Gestapo-Beamte verhaftet. Die Standgerichte stehen dort schon bereit, um diese Verbrecher abzuurteilen und zu erschießen!
Dort hat doch alles funktioniert.
Das stimmt, Haeften. Aber von Kluge hat sich jetzt eindeutig zu Hitler bekannt.
Das bedeutet, dass der Krieg im Westen fortgesetzt wird.
Unser Schicksal ist besiegelt. Aber wir haben richtig gehandelt. Daran besteht überhaupt kein Zweifel.
Ich werde unseren Leuten in Paris Bescheid geben, dass der Staatsstreich gescheitert ist. Wenn sie dort jetzt schnell sind, können sie vielleicht noch ihre Haut retten.
Hallo Paris? Ja, hier spricht Stauffenberg. Der Staatsstreich ist gescheitert. Bei uns stehen die Schergen schon vor der Tür.

20. JULI 1944
NACHTS

Im Bendlerblock haben die regimetreuen Soldaten die Lage mittlerweile unter Kontrolle gebracht.
Ein Hauptmann der Widerstandsgegner sucht Fromm. Er steigt eine Holztreppe hinauf zur Dienstwohnung des Generals ...
Herr Generaloberst! Betrachten Sie sich als freier Mann.
Ich danke Ihnen!
Nun drehen wir den Spieß um. Gehen wir in mein Büro!
Es ist 23 Uhr. Die Offiziere des Widerstands sitzen still beieinander, bewacht von regimetreuen Soldaten. Die Stunden des Kampfes sind nun vorbei.
So, meine Herren!

Jetzt mache ich es mit Ihnen so, wie Sie es heute Mittag mit mir gemacht haben. Sie werden Ihre Waffen abgeben und des Hochverrats angeklagt. Wir werden Sie standgerichtlich verurteilen.
Den Verschwörern ist sofort klar, dass Fromm sie erschießen lassen wird. Er will damit seine eigene Haut retten.
Würden Sie mir erlauben, dass ich meiner Frau einen Abschiedsbrief schreibe?
Das werde ich Ihnen als altem Kameraden und gutem Mitarbeiter nicht abschlagen, Olbricht. Aber halten Sie sich bitte so kurz wie möglich.

Fromm erlaubt den Offizieren, kurze Briefe an ihre Familien zu schreiben.
Er mahnt zur Eile, damit es für die Beteiligten nicht zu schwer werde.
Aber vor allem fürchtet er, dass Remer mit seinen Männern jeden Moment auftauchen könnte. Denn dieser hat den Auftrag, die Verschwörer lebend zu verhaften.
Dies aber will Fromm unbedingt verhindern, denn dann könnte herauskommen, dass er selbst ein Mitwisser der Attentatspläne gewesen ist. Diese Mitwisserschaft allein würde bereits die sichere Todesstrafe bedeuten.
Die Verschwörer nehmen im Geiste Abschied von ihren Familien. Stauffenberg denkt kurz an jedes seiner Kinder und an seine Frau. Als gläubiger Christ ist er überzeugt, sie eines Tages wiederzusehen.
Fromm, lassen Sie mir meine Pistole, damit ich aus dieser Situation die Konsequenzen selbst ziehen kann.
Generaloberst Beck bittet seinen früheren Untergebenen Fromm, sich selbst richten zu dürfen.
In Ordnung. Bitte gehen Sie in den Nebenraum, zwei Offiziere werden Sie begleiten.
Als Beck sich nicht gleich zu töten vermag, befiehlt Fromm einem Feldwebel, Beck zu erschießen, was dieser auch durchführt.

Dann verkündigt Fromm das „Urteil“.
Meine Herren. Im Namen des Führers hat ein von mir bestelltes Standgericht das Urteil gesprochen: Es werden der Oberst im Generalstab von Mertz, General Olbricht, der Oberst, den ich mit Namen nicht nennen will, und der Oberleutnant von Haeften zum Tode verurteilt.
Herr Generaloberst. Für den Staatsstreich trage ich die alleinige Verantwortung. Alle anderen haben als Soldaten nur meine Befehle ausgeführt.
Doch Fromm antwortet nicht. Er blickt zur Seite.
Bringen Sie die Verurteilten in den Hof.

24 Uhr.
Als Erster wird General Olbricht erschossen.
Die Gewehre legt an! ... Feuer!
PENG
Dann ist Stauffenberg an der Reihe.

Als die Schüsse fallen, wirft sich Oberleutnant von Haeften vor Stauffenberg, als Zeichen seiner über den Tod hinausgehenden Treue. So wird er zuerst von den Kugeln getroffen. Stauffenberg fällt mit der nächsten Salve.
Stauffenberg bekräftigt in einem letzten Ausruf seine ungebrochene Liebe zu seinem Vaterland.
Es lebe das heilige Deutschland!

Generaloberst Fromm lässt die ermordeten Offiziere zunächst mit allen militärischen Ehren auf einem Friedhof in Schöneberg beisetzen. Später wird die SS auf Befehl Himmlers die Gräber schänden, die Leichen verbrennen und die Asche verstreuen.
Die meisten anderen Widerstandskämpfer werden festgenommen und der Gestapo übergeben.
Doch einige der Verschwörer können unbemerkt aus dem Bendlerblock fliehen.
Ludwig und sein Bruder Kunrat von Hammerstein-Equord tauchen unter. Sie überleben den Krieg.
Ewald Heinrich von Kleist-Schmenzin übersteht das Ermittlungsverfahren und wird im Dezember 1944 an die Front versetzt. Auch er überlebt den Krieg als wichtiger Zeitzeuge.
Während diese jungen Offiziere sich in der Nacht absetzen ...

... hört Henning von Tresckow an der Ostfront Hitlers Ansprache im Radio.
Fabian von Schlabrendorff ist bei ihm.
... es ist ein ganz kleiner Klüngel verbrecherischer Elemente, die jetzt unbarmherzig ausgerottet werden ...
Bei den Untersuchungen wird die Gestapo auf mich kommen. Sie werden mich foltern. Dem werde ich mich nicht aussetzen.
Aber vielleicht findet sich doch ein anderer Weg?
Das ist ausgeschlossen. Sie werden mich bald verhaften. Und ich will durch die Folter nicht dahin gebracht werden, Mitverschwörer zu verraten.

Tresckow schätzt die Lage richtig ein. Der berüchtigte Chef des Sicherheitsdienstes der SS sowie der Gestapo, Ernst Kaltenbrunner, schreibt nur einige Wochen später in seinen Berichten, Tresckow sei der „Treiber und der böse Geist des Unternehmens“ gewesen.
Niemand von uns kann über seinen Tod Klage führen. Der sittliche Wert eines Menschen beginnt erst dort, wo er bereit ist, für seine Überzeugung sein Leben hinzugeben.
Ich bin nach wie vor der felsenfesten Überzeugung, dass wir richtig gehandelt haben. Ich halte Hitler nicht nur für den Erzfeind Deutschlands, sondern auch für den Erzfeind der Welt.
„Wenn ich in wenigen Stunden vor den Richterstuhl Gottes treten werde, um Rechenschaft abzulegen über mein Tun und mein Unterlassen, so glaube ich mit gutem Gewissen das vertreten zu können, was ich im Kampf gegen Hitler getan habe. Wenn einst Gott Abraham verheißen hat, er werde Sodom nicht verderben, wenn auch nur zehn Gerechte darin seien, so hoffe ich, dass Gott auch Deutschland nicht vernichten wird.“
Tresckow hat sich entschieden. Er lässt sich an die Front fahren.
Tresckow simuliert einen Partisanenüberfall. Er geht tief in den Wald und zündet dort eine Granate. Der Fahrer, der nicht eingeweiht ist, meldet den Vorfall als Anschlag. Dadurch gilt Tresckow zunächst als gefallen.
Er wird mit allen militärischen Ehren beigesetzt. Erst als die Gestapo Tresckows zentrale Rolle beim Unternehmen vom 20. Juli 1944 ermittelt, wird er nachträglich aus der Wehrmacht ausgestoßen. Seine Leiche wird exhumiert und im KZ verbrannt.

EPILOG

Im Reichssicherheitshauptamt wird in den folgenden Tagen eine „Sonderkommission 20. Juli“ gebildet, in der 400 Beamte daran arbeiten, die Hintergründe des Attentats zu ermitteln.

Jeden Tag gibt es weitere Verhaftungen, Verhöre und Folterungen. Neben Schlägen ins Gesicht – oft verbunden mit dem Brechen der Nase – zählen das Ziehen von Fingernägeln und Zähnen, permanenter Schlafentzug oder das Eintauchen des Kopfes in Wassereimer zu den Foltermethoden der Gestapo.
Doch die Widerstandskämpfer lassen sich nicht brechen.

Fabian von Schlabrendorff streitet jedes Wissen um den 20. Juli konsequent ab. Die Gestapo kann ihm nichts nachweisen, weil die Mitverschwörer trotz schlimmster Folter keine Angaben machen. Da die Gestapo aber weiß, wie nahe Tresckow und Schlabrendorff sich standen, versucht sie „neue“ Methoden: Er muss sich im KZ ansehen, wie der exhumierte Leichnam von Tresckow verbrannt wird. Doch auch dies hält er aus.

Am 3. Februar 1945 kommt der Vorsitzende Richter des Volksgerichtshofs bei einem Bombenangriff ums Leben. Er stirbt im Gerichtsgebäude – in den Händen hält er die Akte Schlabrendorff. Dies führt zur endgültigen Verzögerung des Verfahrens. Nach dem Krieg wird der Jurist Schlabrendorff Richter am Bundesverfassungsgericht. Und er schreibt ein Buch über den 20. Juli.

Die Schauprozesse werden vom Richter Roland Freisler geleitet. Freisler war im Ersten Weltkrieg in russische Kriegsgefangenschaft geraten und dort Kommunist geworden. Er blieb nach dem Krieg noch zwei Jahre in der Sowjetunion und fungierte dort als Lagerkommissar. Hitler bezeichnet ihn in Gesprächen daher oft als „Bolschewik". Freisler versucht, dieses Misstrauen durch besondere Härte in seinen Urteilen zu widerlegen. Als Präsident des Volksgerichtshofes gilt er als „Blutrichter". Er will den Willen der Angeklagten brechen. Seine Urteile sind willkürlich – und er liebt es, die Todesstrafe besonders häufig und leichtfertig zu verhängen.

Trotz der Folter beweisen viele Widerstandskämpfer vor Gericht großen Mut. Sie widersprechen Freisler oder klagen ihn sogar selbst an.
Sie können uns dem Henker überantworten. In drei Monaten zieht das empörte und gequälte Volk Sie zur Rechenschaft und schleift Sie bei lebendigem Leib durch den Kot der Straßen!
Erwin von Witzleben
Ich dachte an all die Morde, die im In- wie im Ausland passiert sind.
Ulrich Wilhelm Graf Schwerin von Schwanenfeld
Für mich ist der Führer der große Vollstrecker des Bösen!
Hans Bernd von Haeften
Hitler fordert, dass die Widerständler gehenkt werden „wie Schlachtvieh". Bereits 1942 hatte man im Gefängnis Plötzensee einen Stahlträger eingezogen, an dem Eisenhaken für Erhängungen befestigt waren. Fotos von den Erhängten lässt Hitler bei späteren Lagebesprechungen gezielt herumliegen, um seine Militärs in Angst und Schrecken zu versetzen.
Die Hinrichtungen werden zudem gefilmt. Hitler sieht sich die äußerst grausamen Filme mehrfach an.
Bei den Ermittlungen stellt die Gestapo fest, dass es sich beim Widerstand des 20. Juli nicht um eine kleine Clique von Offizieren gehandelt hat, sondern um Hunderte von Regimegegnern in der Arbeiterschaft, beim Militär und in bürgerlichen Kreisen. Doch dies wird der Öffentlichkeit verschwiegen. Die Ermittlungen ziehen sich bis zum Ende des Krieges hin. Bis zum letzten Tag werden Menschen willkürlich ermordet.

Nina von Stauffenberg erfährt erst am Abend des 20. Juli, welche Rolle ihr Mann beim Attentat gespielt hat.
Mein Lieber. Nun hast du also selbst das Attentat durchgeführt.
Aber es ist besser als die Verhaftung. Sie hätten dich grausam gefoltert und am Ende gehängt. Das ist dir erspart geblieben.
Morgen muss ich es den Kindern sagen.
Nina von Stauffenberg und ihre vier Kinder werden in die sogenannte „Sippenhaft“ genommen. Die Kinder kommen gemeinsam mit anderen Kindern von Widerstandskämpfern in ein Kinderheim bei Bad Sachsa. Nina wird zunächst in das KZ Ravensbrück gebracht, aufgrund ihrer Schwangerschaft dann in ein NS-Entbindungsheim in Frankfurt an der Oder verlegt. Dort kommt das fünfte Kind der Familie, Konstanze, am 27. Januar 1945 zur Welt. Alle überleben den Krieg und ziehen sich auf den Familiensitz in Lautlingen zurück.

Auch Margarethe von Oven wird nach dem 20. Juli verhaftet. In einem Interview, das sie 1992 gibt, beschreibt sie ihre Gefühle während des Verhörs durch die Gestapo.
„Es war eigenartig. Ich war wie in Trance. Ich hatte das Gefühl, dass Henning von Tresckow für mich antwortet. Plötzlich war die Antwort draußen, ohne dass ich überlegt hatte.“
„Als ich das Protokoll unterschreiben sollte, war ich über meine eigenen Worte im höchsten Maße verwundert.“
Margarethe von Oven wird nach zwei Wochen entlassen und arbeitet später wieder in ihrer Dienststelle.
Der Bendlerblock übersteht die massiven Bombenangriffe in den letzten Monaten des Krieges fast unbeschadet. 1967 beschließt der Senat von Berlin die Einrichtung einer Gedenk- und Bildungsstätte am Ort des Geschehens.
Auf der Inschrift im Ehrenhof heißt es:
Hier im ehemaligen Oberkommando des Heeres organisierten Deutsche den Versuch, am 20. Juli 1944 die nationalsozialistische Unrechtsherrschaft zu stürzen. Dafür opferten sie ihr Leben.
Ende

PERSONENGLOSSAR

Aßmann, Heinz (*15. August 1904; †15. Oktober 1954): Marineoffizier, im August 1943 abkommandiert zum Wehrmachtsführungsstab.

Beck, Ludwig (*29. Juni 1880; †20. Juli 1944): seit 1935 Generalstabschef des Heeres, trat 1938 aus Gewissensgründen zurück und war seitdem einer der führenden Köpfe des militärischen Widerstands.

Berger, Heinrich (*20. Januar 1905; †20. Juli 1944): Stenograf von Adolf Hitler.

Bismarck-Schönhausen, Gottfried Graf von (*29. März 1901; †14. September 1949): NSDAP-Politiker, seit 1938 Regierungspräsident in Potsdam, schloss sich dem Widerstand an.

Bodenschatz, Karl (*10. Dezember 1890; †25. August 1979): von 1938 bis 1945 Oberbefehlshaber der Luftwaffe.

Boeselager, Georg Freiherr von (*25. August 1915; †27. August 1944): Kavallerieoffizier, aktiv im Widerstand.

Boeselager, Philipp Freiherr von (*06. September 1917; †1. Mai 2008): Kavallerieoffizier, aktiv im Widerstand.

Bonhoeffer, Dietrich (*4. Februar 1906; †9. April 1945): evangelischer Theologe, engagiert im Widerstand mit vielfältigen Kontakten im In- und Ausland.

Borgmann, Heinrich (*15. August 1912; †5. April 1945): Offizier, zuletzt Oberst im Generalstab.

Brandt, Heinz (*11. März 1907; †21. Juli 1944): Offizier, seit 1939 im Generalstab des Heeres.

Buhle, Walter (*26. Oktober 1894; †28. Dezember 1959): General der Infanterie, Chef des Heeresstabes im Oberkommando der Wehrmacht sowie Chef des Heereswaffenamtes.

Canaris, Wilhelm Franz (*1. Januar 1887; †9. April 1945): von 1935 bis 1944 Leiter der Abwehrabteilung des Reichskriegsministeriums (später: Amt Ausland/Abwehr im Oberkommando der Wehrmacht), wo er die Tätigkeit oppositioneller Mitarbeiter deckt.

Dohnanyi, Hans von (*1. Januar 1902; †9. April 1945): als Jurist zunächst im Reichsjustizministerium tätig, seit 1938 im Amt Ausland/Abwehr im Oberkommando der Wehrmacht, wo er sich aktiv am Widerstand beteiligt.

Fellgiebel, Erich (*4. Oktober 1886; †4. September 1944): seit 1938 Chef des Heeresnachrichtenwesens und der Wehrmachtnachrichtenverbindungen im Oberkommando der Wehrmacht, aktiv im Widerstand.

Freisler, Roland (* 30. Oktober 1893; † 3. Februar 1945): NS-Jurist, seit 1942 Präsident des »Volksgerichtshofs«, dem 1934 eingerichteten Sondergericht für politische Straftaten.

Freyend, Ernst John von (25. März 1909; † 24. März 1980): Offizier, zuletzt Major im Oberkommando der Wehrmacht sowie persönlicher Adjutant von Wilhelm Keitel.

Fromm, Friedrich (* 8. Oktober 1888; † 12. März 1945): Generaloberst, zuletzt Befehlshaber des Ersatzheeres.

George, Stefan (* 12. Juli 1868; † 4. Dezember 1933): einflussreicher deutscher Lyriker, zu dessen Verehrern auch der junge Claus von Stauffenberg gehörte.

Gersdorff, Rudolph-Christoph Freiherr von (* 27. März 1905; † 27. Januar 1980): Offizier, zuletzt Generalmajor, aktiv im Widerstand.

Gerstenmaier, Eugen (* 25. August 1906; † 13. März 1986): Theologe, Mitglied der Widerstandsgruppe Kreisauer Kreis.

Gisevius, Hans Bernd (* 14. Juli 1904; † 23. Februar 1974): Jurist, seit 1939 tätig im Amt Ausland/Abwehr im Oberkommando der Wehrmacht unter Admiral Wilhelm Canaris, aktiv im Widerstand.

Goebbels, Joseph (* 29. Oktober 1897; † 1. Mai 1945): führender NS-Politiker, seit 1933 Reichsminister für Volksaufklärung und Propaganda.

Goerdeler, Carl Friedrich (* 31. Juli 1884; † 2. Februar 1945): von 1930 bis 1937 Oberbürgermeister von Leipzig, später Mittelpunkt der zivilen Widerstandskreise mit engen Kontakten zu Henning von Tresckow und Ludwig Beck.

Göring, Hermann (* 12. Januar 1893; † 15. Oktober 1946): führender NSDAP-Politiker, seit 1933 Reichsminister, seit 1935 Oberbefehlshaber der Luftwaffe.

Haeften, Hans Bernd von (* 18. Dezember 1905; † 15. August 1944): Jurist und Diplomat, seit 1933 im Auswärtigen Dienst, aktiv im Widerstand.

Haeften, Werner von (* 9. Oktober 1908; † 20. Juli 1944): Offizier und Jurist, nach Verwundung im Krieg 1943 und anschließender Genesung beteiligte er sich als Adjutant von Stauffenberg an den Umsturzplänen.

Hagen, Hans Wilhelm (* 9. Mai 1907; † 2. April 1969): seit 1942 Referent im Reichsministerium für Volksaufklärung und Propaganda, seit 1943 Leutnant im Wach-Bataillon der Reichswehr in Berlin.

Hammerstein-Equord, Kunrat Freiherr von (* 14. Juni 1918; † 13. Juni 2007): Offizier, zuletzt im Oberkommando des Heeres tätig, aktiv im Widerstand.

Hammerstein-Equord, Ludwig Maximilian Freiherr von (* 17. November 1919; † 26. Februar 1996): zuletzt Ordonanzoffizier, aktiv im Widerstand.

Hase, Paul von (24. Juli 1885; † 8. August 1944): Offizier, zuletzt Stadtkommandant in Berlin, seit 1938 aktiv im Widerstand.

Helldorff, Wolf Heinrich Graf von (* 14. Oktober 1896; † 15. August 1944): seit 1935 Polizeipräsident von Berlin, seit 1938 Kontakt zu Widerstandskreisen.

Heusinger, Adolf (* 4. August 1897; † 30. November 1982): seit 1943 Generalleutnant, Stellvertreter des Generalstabschefs des Heeres.

Himmler, Heinrich (* 7. Oktober 1900; † 23. Mai 1945): führender NSDAP-Politiker, seit 1929 „Reichsführer SS", seit 1939 Chef der deutschen Polizei und seit 1943 Reichsinnenminister, kontrollierte Konzentrationslager, Polizei und Inlandsgeheimdienst.

Hoepner, Erich (* 14. September 1886; † 8. August 1944): Offizier, seit 1940 Generaloberst, seit 1935 aktiv im Widerstand, 1942 unehrenhafte Entlassung aus der Wehrmacht.

Hofacker, Caesar von (* 11. März 1896; † 20. Dezember 1944): Reserveoffizier der Luftwaffe, zuletzt tätig in der Militärverwaltung in Paris. Von hier aus beteiligte er sich an den Umsturzplänen, über die er seit 1942 informiert war.

Jodl, Alfred (* 10. Mai 1890; † 16. Oktober 1946): seit 1939 Chef des Wehrmachtführungsstabs im Oberkommando der Wehrmacht, seit 1944 Generaloberst.

Kaltenbrunner, Ernst (* 4. Oktober 1903; † 16. Oktober 1946): SS-Funktionär, seit 1943 Chef des Reichssicherheitshauptamts, wo er SS, Gestapo und Sicherheitsdienst befehligte.

Keitel, Wilhelm (* 22. September 1882; † 16. Oktober 1946): Offizier, von 1938 bis 1945 Chef des Oberkommandos der Wehrmacht, seit 1940 Generalfeldmarschall.

Klausing, Friedrich Karl (* 24. Mai 1920; † 8. August 1944): Offizier, Adjutant von Graf von Stauffenberg und aktiv im Widerstand.

Kleist, Ewald-Heinrich von (* 10. Juli 1922; † 8. März 2013): Offizier, seit 1943 aktiv im Widerstand.

Kluge, Hans Günther von (* 30. Oktober 1882; † 19. August 1944): zuletzt Generalfeldmarschall, seit Juli 1944 Oberbefehlshaber der Wehrmacht in Frankreich. Geriet in Verdacht, Mitwisser der Attentatspläne zu sein.

Korten, Günther (* 26. Juli 1898; † 22. Juli 1944): Offizier, zuletzt Generalstabschef und Generaloberst der Luftwaffe.

Leber, Julius (16. November 1891; † 5. Januar 1945): Reichstagsabgeordneter der SPD, Mitglied der demokratischen Organisation Reichsbanner Schwarz-Rot-Gold, 1933 als Regimegegner inhaftiert, wirkte nach seiner Freilassung 1937 erneut am Widerstand mit.

Loringhoven, Wessel Freiherr Freytag von (* November 1899; † 26. Juli 1944): Oberst, nach seiner Versetzung im Jahr 1943 in das Amt Abwehr/Ausland im Oberkommando der Wehrmacht kam er in Kontakt mit Widerstandskreisen um Stauffenberg. Er besorgte den Sprengstoff für das Attentat vom 20. Juli.

Mertz von Quirnheim, Albrecht Ritter (*25. März 1905; †20. Juli 1944): Oberst im Generalstab, Nachfolger Stauffenbergs als Chef des Stabes bei General Friedrich Olbricht, seit 1943 aktiv im Widerstand.

Möllendorf, Leonhard Rittmeister von: Wehrmachtsoffizier, Adjutant des Kommandanten des Führerhauptquartiers.

Mussolini, Benito (*29. Juli 1883; †28. April 1945): italienischer Politiker, seit 1925 diktatorische Herrschaft als „Duce", seit 1936 Bündnispartner Hitlers, nach seiner Absetzung im Juli 1943 Chef einer faschistischen Gegenregierung in Norditalien.

Olbricht, Friedrich (*4. Oktober 1888; †20. Juli 1944): General der Infanterie, seit 1940 Chef des Allgemeinen Heeresamtes beim Oberkommando des Heeres, seit 1943 zugleich Chef des Wehrersatzamtes beim Oberkommando der Wehrmacht, seit 1938 aktiv im Widerstand, schleuste Oppositionelle in wichtige Positionen.

Oster, Hans Paul (*9. August 1887; †9. April 1945): Offizier, seit 1941 Stabschef im Amt Ausland/Abwehr des Oberkommandos der Wehrmacht unter Wilhelm Canaris, Mitarbeit im Widerstand, im März 1944 unehrenhaft aus der Wehrmacht entlassen.

Oven, Margarethe von, geb. von Hardenberg (*11. März 1904; †5. Februar 1991): Sekretärin im Reichswehrministerium, nach mehreren Einsätzen im Ausland zuletzt im Nachkommando der Heeresgruppe Berlin-Mitte, aktiv im Widerstand.

Puttkamer, Karl-Jesko von (*24. März 1900; †4. März 1981): Konteradmiral, Marineadjutant von Hitler und Marineverbindungsoffizier beim Oberkommando des Heeres.

Rath, Willi: Leibwächter von Julius Leber.

Remer, Otto Ernst (18. August 1912; †4. Oktober 1997): Offizier, Kommandeur des Wach-Bataillons der Reichswehr in Berlin.

Ribbentrop, Joachim von (*30. April 1893; †16. Oktober 1946): NSDAP-Politiker, seit 1938 Reichsaußenminister.

Röhm, Ernst (*28. November 1887; †1. Juli 1934): Offizier, NSDAP-Politiker und Chef der SA, 1934 wurde er mit der gesamten SA-Führung auf Befehl Hitlers beim sogenannten Röhm-Putsch ermordet.

Sauerbruch, Ferdinand (*3. Juli 1875; †2. Juli 1951): weltbekannter Arzt, seit 1927 Leiter der chirurgischen Klinik an der Charité in Berlin, trotz Vereinnahmungsversuchen durch das NS-Regime setzte er sich mehrfach für politisch und rassisch Verfolgte ein.

Scherff, Walter (*1. November 1898; †24. Mai 1945): Wehrmachtsoffizier, zuletzt Generalmajor.

Schlabrendorff, Fabian von (*1. Juli 1907; †3. September 1980): Jurist und Offizier, Adjutant von Henning von Tresckow, früher Gegner des Nationalsozialismus, beteiligt an verschiedenen Umsturzversuchen.

Schmundt, Rudolf (*13. August 1896; †1. Oktober 1944): Wehrmachtsoffizier, von 1938 bis 1945 Chefadjutant der Wehrmacht und enger Mitarbeiter von Adolf Hitler.

Schulenburg, Fritz-Dietlof Graf von der (5. September 1902; †10. August 1944): Verwaltungsbeamter, 1937 stellvertretender Polizeipräsident von Berlin, seit 1938 Kontakte zur militärischen Opposition, 1940 als Reserveoffizier zur Wehrmacht eingezogen und aktiv im Widerstand.

Schwerin von Schwanenfeld, Ulrich Wilhelm Graf (*21. Dezember 1902; †8. September 1944): Landwirt und Reserveoffizier, seit 1938 im Widerstand aktiv. Wegen seiner guten Kontakte ins Auswärtige Amt war er Verbindungsmann zwischen militärischem und zivilem Widerstand.

Speer, Albert (*19. März 1905; †1. September 1981): Architekt und Politiker, nach 1933 einer der engsten Vertrauten Hitlers, seit 1943 als Reichsminister für Bewaffnung und Munition verantwortlich für die Kriegswirtschaft.

Speer, Julius (*3. Dezember 1905; †8. Juni 1984): Forstwissenschaftler und Offizier, zuletzt im Oberkommando des Heeres, aktiv im Widerstand.

Speidel, Hans (*28. Oktober 1897; †28. November 1984): zuletzt Generalleutnant, seit April 1944 Chef des Generalstabes der Heeresgruppe B, aktiv im Widerstand.

Stauffenberg, Berthold Schenk Graf von (*15. März 1905; †10. August 1944): Jurist, hatte bereits früh Kontakte zur militärischen Opposition. 1939 wurde er zum Oberkommando der Marine eingezogen, beim Umsturz am 20. Juli zuständig für die Verbindung zur Marine.

Stauffenberg, Claus Schenk Graf von (*15. November 1907; †20. Juli 1944): Offizier, seit Juli 1944 Oberst, schloss sich 1942/43 dem militärischen Widerstand an. Ab Oktober 1943 Stabschef des Allgemeinen Heeresamts mit Zugang zu den Lagebesprechungen im Führerhauptquartier, seit 1. Juni 1944 Stabschef des Befehlshabers des Ersatzheers.

Stauffenberg, Nina Schenk Gräfin von, geb. Freiin von Lechberg (*27. August 1913; †2. April 2006): seit 1933 verheiratet mit Claus Schenk Graf von Stauffenberg, Mitwisserin der Attentatspläne.

Stülpnagel, Carl-Heinrich von (*2. Januar 1886; †30. August 1944): General der Infanterie, seit 1938 im Kontakt zum militärischen Widerstand, zuletzt Militärbefehlshaber in Paris, von wo aus er den Umsturzversuch vom 20. Juli unterstützte.

Thadden, Henning von (*24. September 1898; †18. Mai 1945): Offizier, zuletzt Generalleutnant in Königsberg.

Thiele, Fritz (*14. April 1894; †4. September 1944): Nachrichtenoffizier und Generalleutnant, seit 1936 im Reichskriegsministerium, aktiv im Widerstand.

Tresckow, Erika von, geb. von Falkenhayn (*25. September 1904; †6. Juni 1974): seit 1926 verheiratet mit Henning von Tresckow, aktiv im Widerstand.

Tresckow, Henning von (*10. Januar 1901; †21. Juli 1944)**:** Generalstabsoffizier, seit den Novemberpogromen 1938 entschlossener Regimegegner, Verbindungen zu Ludwig Beck und Carl Goerdeler, seit 1942 an mehreren Attentatsversuchen auf Hitler beteiligt.

Voß, Hans (*30. Oktober 1897; †18. November 1969): Marineoffizier, seit 1943 als Konteradmiral im Führerhauptquartier.

Wagner, Eduard (*1. April 1894; †23. Juli 1944): Offizier, seit 1941 Generalgeldquartiermeister des Heeres, seit 1943 aktiv im Widerstand.

Wartenburg, Peter Graf Yorck von (*13. November 1904; †8. August 1944): Jurist, seit 1942 im Wirtschaftsstab Ost beim Oberkommando der Wehrmacht in Berlin, seit Januar 1940 Organisator der Gespräche des oppositionellen Kreisauer Kreises zusammen mit Helmuth James Graf von Moltke.

Witzleben, Erwin von (*4. Dezember 1881; †8. August 1944): Offizier, von 1941 bis 1942 Oberbefehlshaber West, eine der zentralen Figur in der militärischen Opposition. Er war an mehreren Umsturzversuchen beteiligt.

Wyschinski, Andrei (*28. November / 10. Dezember 1883; †22. November 1954): sowjetischer Jurist und Politiker, von 1935 bis 1939 als Generalstaatsanwalt Hauptankläger in den Moskauer Schauprozessen, von 1949 bis 1953 Außenminister der Sowjetunion.

Zeitzler, Kurt (*9. Juni 1895; †25. September 1963): Wehrmachtsoffizier, zuletzt Generaloberst und bis zu seiner Krankmeldung Anfang Juli 1944 Generalstabschef des Heeres.

ZUM WEITERLESEN

Benz, Wolfgang: Der 20. Juli 1944 und der Widerstand gegen die Nationalsozialismus, 3. Auflage, Erfurt 2017.

Benz, Wolfgang: Der Deutsche Widerstand gegen Hitler, München 2014.

Brakelmann, Günter: Der Kreisauer Kreis. Chronologie, Kurzbiographien und Texte aus dem Widerstand (= Schriftenreihe der Forschungsgemeinschaft 20. Juli 1944, Bd. 3), Münster 2003.

Dönhoff, Marion Gräfin: »Um der Ehre willen«. Erinnerungen an die Freunde vom 20. Juli, Berlin 1994.

Fest, Joachim C.: Staatsstreich. Der lange Weg zum 20. Juli, Berlin 1994.

Fittkau, Ludger/Werner, Marie-Christine: Die Konspirateure. Der zivile Widerstand hinter dem 20. Juli 1944, Darmstadt 2019.

Grabner, Sigrid/Röder, Hendrik (Hrsg.): Henning von Tresckow. Ich bin der ich war. Texte und Dokumente, 4. Auflage, Berlin 2017.

Heinemann, Winfried: Unternehmen »Walküre«. Eine Militärgeschichte des 20. Juli 1944, Berlin/Boston 2019.

Hoffmann, Peter: Claus Schenk Graf von Stauffenberg und seine Brüder, 3. Auflage, Stuttgart 2004.

Hoffmann, Peter: Stauffenberg und der 20. Juli 1944, 2. Auflage, München 2007.

Hoffmann, Peter: Widerstand - Staatsstreich - Attentat. Der Kampf der Opposition gegen Hitler, München 1985.

Jacobsen, Hans-Adolf (Hrsg.): Spiegelbild einer Verschwörung. Die Opposition gegen Hitler und der Staatsstreich vom 20. Juli 1944 in der SD-Berichterstattung. Geheime Dokumente aus dem ehemaligen Reichssicherheitshauptamt, Stuttgart/Degerloch 1984.

Keyserlingk-Rehbein, Linda von: Nur eine »ganz kleine Clique«? Die NS-Ermittlungen über das Netzwerk vom 20. Juli 1944, Berlin 2018.

Kniebe, Tobias: Operation Walküre. Das Drama des 20. Juli, Berlin 2009.

Knopp, Guido: Sie wollten Hitler töten, München 2004.

Krockow, Graf Christian von: Eine Frage der Ehre. Stauffenberg und das Hitler-Attentat vom 20. Juli 1944, Reinbek 2002.

Meding, Dorothee von: Mit dem Mut des Herzens. Die Frauen des 20. Juli, 4. Auflage, München 1997.

Mit dem Mut der Verzweiflung. Widerstand gegen Hitler (= Der Spiegel Geschichte, Heft 2/2019)

Neumärker, Uwe/Conrad, Robert/Woywodt, Cord: Wolfsschanze. Hitlers Machtzentrale im II. Weltkrieg, Berlin 2007.

Riedel, Manfred: Geheimes Deutschland. Stefan George und die Brüder Stauffenberg, Köln 2006.

Steinbach, Peter/Tuchel, Johannes (Hrsg.): Widerstand in Deutschland 1933–1945. Ein historisches Lesebuch, 3. Auflage (= Beck'sche Reihe, Bd. 1282), München 2000.

Steinbach, Peter/Tuchel, Johannes: Widerstand gegen die nationalsozialistische Diktatur 1933–1945, Bonn 2004.

Steinbach, Peter: Der 20. Juli 1944. Gesichter des Widerstands, München 2004.

Stiftung Gedenkstätte Deutscher Widerstand (Hrsg.): Der Umsturzversuch vom 20. Juli 1944 (= Themenkatalog 10 zur Dauerausstellung Widerstand gegen den Nationalsozialismus), Berlin 2014.

Stiftung Gedenkstätte Deutscher Widerstand (Hrsg.): Stauffenberg und das Attentat vom 20. Juli 1944 (= Themenkatalog 9 zur Dauerausstellung Widerstand gegen den Nationalsozialismus), Berlin 2014.

Stiftung Gedenkstätte Deutscher Widerstand (Hrsg.): Wege zum 20. Juli 1944 (= Themenkatalog 8 zur Dauerausstellung Widerstand gegen den Nationalsozialismus), Berlin 2014.

Ueberschär, Gerd R.: Stauffenberg und das Attentat vom 20. Juli 2944. Darstellungen, Biographien, Dokumente, Frankfurt a. M. 2006.

Ueberschär, Gerd R.: Stauffenberg. Der 20. Juli 1944, Frankfurt a. M. 2004.

Vogel, Thomas (Hrsg.): Aufstand des Gewissens. Militärischer Widerstand gegen Hitler und das NS-Regime 1933 bis 1945. Begleitband zur Wanderausstellung des Militärgeschichtlichen Forschungsamtes, 5. Auflage, Hamburg/Berlin/Bonn 2000.

Vogel, Thomas: Aufstand des Gewissens. Militärischer Widerstand gegen Hitler und das NS-Regime 1933–1945, Hamburg/Berlin/Bonn 2000.

ZU DIESEM BUCH

Einen so vielschichtigen Vorgang wie das Attentat vom 20. Juli 1944 und den damit verbundenen Umsturzversuch in einer Graphic Novel darzustellen, ist eine komplexe Aufgabe. Sie setzt naturgemäß eine inhaltliche Schwerpunktsetzung voraus - nicht zuletzt wegen der Vielzahl von bedeutsamen, mutigen Persönlichkeiten, die in das Geschehen involviert waren. Neben der Widerstandsgruppe um Henning von Tresckow und Claus Schenk Graf von Stauffenberg, die in diesem Buch im Mittelpunkt steht, agierten gleichzeitig auch andere Gruppierungen - wie etwa der Kreisauer Kreis, der Goerdeler-Kreis, der Solf-Kreis und viele weitere. Nicht alle konnten hier berücksichtigt werden.

Die Schöpfung einer linearen Bilderzählung macht es erforderlich, mitunter die Komplexität des Geschehens zu reduzieren. Dies ist ein Privileg künstlerischer Arbeit. Es ist nicht der Anspruch dieses Buches, eine abschließende und alle Aspekte umfassende historische Darstellung zu geben. Vielmehr soll die Graphic Novel neue bildhafte Räume, neue Assoziationsmöglichkeiten und somit einen emotionalen Zugang zum Thema schaffen. Ich hoffe, dass die Leserinnen und Leser die gewählte Darstellungsform als Einladung verstehen, sich dem historischen Ereignis auf eine neue Weise anzunähern. Für eine vertiefende Lektüre sei auf die vorstehende Literaturliste verwiesen.

Folgende bedeutende Persönlichkeiten des militärischen wie zivilen Widerstands, die im Umfeld des 20. Juli wirkten, erscheinen in diesem Buch aus den oben genannten Gründen gar nicht oder nur am Rande und werden daher hier ausdrücklich genannt:

Klaus Bonhoeffer (1901–1945), Axel Freiherr von dem Bussche (1919–1993), Justus Delbrück (1902–1945), Carl Friedrich Goerdeler (1884–1945), Helmut Groscurth (1898–1943), Karl Ludwig Freiherr von und zu Guttenberg (1902–1945), Hans Karl Fritzsche (1914–1999), Albrecht von Hagen (1904–1944), Georg Alexander Hansen (1904–1944), Carl-Hans Graf von Hardenberg (1891–1958), Ulrich von Hassell (1881–1944), Friedrich Wilhelm Heinz (1899–1968), Erich Hoepner (1886–1944), Friedrich Gustav Jaeger (1895–1944), Hans John (1911–1945), Otto John (1909–1997), Jens Jessen (1895–1944), Jakob Kaiser (1888–1961), Bernhard Klamroth (1910–1944), Erich Kordt (1903–1969), Theodor Kordt (1893–1962), Wilhelm Leuschner (1890–1944), Fritz Lindemann (1894–1944), Carlo Mierendorff (1897–1943), Helmuth James Graf von Moltke (1907–1945), Adolf Reichwein (1898–1944), Fritz-Dietlof Graf von der Schulenburg (1902–1944), Hellmuth Stieff (1901–1944), Adam von Trott zu Solz (1909–1944), Josef Wirmer (1901–1944) und Peter Graf Yorck von Wartenburg (1904–1944).

Auch diese Aufzählung ist bei weitem nicht vollzählig, sie möge aber - wie die Graphic Novel selbst - symbolisch für alle am 20. Juli Beteiligten stehen.

DANK

Mein herzlicher Dank gilt Dr. Christine Müller-Botsch und Dr. Petra Behrens von der Gedenkstätte Deutscher Widerstand für die liebenswürdige Offenheit gegenüber diesem Buchprojekt und ihre wertvollen Anregungen und Hinweise. Zudem danke ich den Mitarbeiterinnen und Mitarbeitern des be.bra verlags, insbesondere Dr. Robert Zagolla und Matthias Zimmermann, für die umfassende Unterstützung, die Genauigkeit bei der Textkorrektur und den kreativen Input. Außerdem danke ich meiner Frau Caroline und unserem Sohn Julius für die große Geduld während des Arbeitsprozesses.

Berlin und Hamburg, im Juni 2019
Niels Schröder

ÜBER DEN AUTOR

Niels Schröder, geboren 1970, studierte Visuelle Kommunikation an den staatlichen Kunsthochschulen in Hamburg, Bremen und Berlin. Sein Diplom und ein anschließendes Meisterschülerstudium absolvierte er an der Universität der Künste zu Berlin. Seit 1996 arbeitet er als Illustrator für Zeitungen, Verlage und Unternehmen. 2016 verlieh ihm die Kunstuniversität Linz den Doktortitel für seine Dissertation »Gute Laune ist ein Kriegsartikel. Animationsfilme, Comics und Cartoons auf deutscher und amerikanischer Seite während des Zweiten Weltkrieges - Ein Vergleich der unterschiedlichen Humorkulturen, der Wirkweisen und der Funktionen des Humors als Mittel der Propaganda«. 2017 wurde seine Dissertation mit dem österreichischen Staatspreis »Award of Excellence« ausgezeichnet.

Zuletzt erschien von ihm (zusammen mit Caroline Gille) die Graphic Novel »I got Rhythm - Das Leben der Jazzlegende Coco Schumann«.